물어보진 않았지만

물어보진 않았지만

발행일	2025년 11월 28일
지은이	조준호
펴낸이	손형국
펴낸곳	(주)북랩
출판등록	2004. 12. 1(제2012-000051호)
주소	서울특별시 금천구 가산디지털 1로 168, 우림라이온스밸리 B동 B111호, B113~115호
홈페이지	www.book.co.kr
전화번호	(02)2026-5777 팩스 (02)3159-9637
ISBN	979-11-7224-962-5 03810 (종이책) 979-11-7224-979-3 05810 (전자책)

잘못된 책은 구입한 곳에서 교환해드립니다.
이 책은 저작권법에 따라 보호받는 저작물이므로 무단 전재와 복제를 금합니다.
본 도서는 (주)북랩이 보유한 리코 인쇄 장비 등 자체 생산 인프라를 통해 제작되었습니다.

작가 연락처 문의 ▸ ask.book.co.kr
전용 게시판에 문의를 남기시면 저자에게 직접 전달됩니다.

(주)북랩 성공출판의 파트너
북랩 홈페이지와 SNS에서 다양한 출판 솔루션을 만나 보세요!
홈페이지 book.co.kr   •   **블로그** blog.naver.com/essaybook   •   **출판문의** text@book.co.kr
카톡채널 북랩

응급의학 전공의가
물어보진
않았지만

—— 조준호 지음 ——

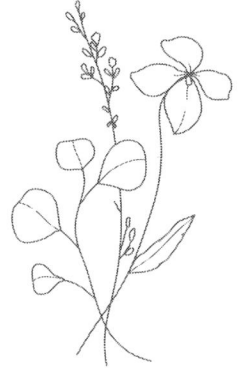

 북랩

사랑하는 아내 은경과 딸, 아들 덕분에
응급의학 의사로 살아갈 수 있다

 들어가며

그날 내 미래가 정해졌다.

 응급실 근무. 병원 근처 동네에서 화재가 발생했는데, 중증 화상 환자 두 명이 응급실로 이송되었다. 여중생 자매. 온몸은 숯덩이처럼 검고 딱딱하다. 흉곽이 팽창하지 못해 숨을 쉬지도 못한다. 다행히 비어 있던 심폐소생술 침대로 환자를 옮긴다. 소생실에는 탄내가 가득하다. 혈압은 잡히지 않고 산소 포화도도 너무 낮다. 곧 심정지가 올지도 모른다. 저녁 회진 준비

시간이라 응급실엔 흰 가운을 입은 의사와 의대생이 적어도 30명 정도 있다. 모두 얼굴을 찌푸리고 환자 걱정을 하지만, 그 누구도 달려들지 않는다. 다들 그냥 "어떡해, 어떡해…."만 하고 있다.

"1년 차 따라 들어와!"

응급의학과 2년차 고○○이 소리친다. 응급실 인턴이었던 나도 정신없이 따라 들어간다.

"지금부터 내가 하는 대로 그대로 따라 해."

기관삽관을 하고 검게 타 딱딱해진 피부에 메스로 칼집을 넣어 환자가 편하게 숨을 쉬게 해준다. 팔다리 모두 화상을 입어 정맥 주사를 놓을 혈관이 없다. 중심정맥관을 넣고 수액을 공급하며 항생제를 투여하고 온몸 화상 부위를 소독하고 거즈로 덮는다.

그날 저녁 회식 자리에서 나는 고○○과 1년 차에게 감동했다고, 어느 의사도 그렇게 달려들지 않았는데 응급의학과는 멋있었다고 술주정을 부렸다. 지원자가 귀했던 응급의학과는 나를 포섭하기로 했다. 인턴이었던 나에게 중심정맥관, 기관삽관을 가르쳐주고 직접 하게 했다.

늦가을 밤. 응급실 옆 인턴 숙소 건물 옥상에서 동기들과 이런저런 얘기를 하다가 무슨 과를 할지 주제가 이어졌다. 그때까지도 난 전공과를 정하지 못했다. 지금 내가 이 옥상에서 응급실 앞으로 떨어지면 이 병원에서 누가 날 구하겠다고 달려들까?

―

적응, 도전, 연구, 리더는

세브란스병원 응급의학과 전공의

각 연차별 목표다.

차례

들어가며 6

적응

폭포, 지나가는 물방울 하나하나가 모여 폭포 14
꽃보다 잎, 줄기, 뿌리 20
반복, 탁월함을 만드는 습관 28
화이트 해커 36
Doughnut of Truth 42
죽음이 삶에 묻는다 51
회복력 58
2단 옆차기 65

도전

Act now! 72
Fail fast, Learn fast 80
Blaze a trail 88
Deviation 100

연구

P<0.05 ········· 106
적의를 보이는 것들 ········· 114
거짓말 ········· 120

리더

Professionalism(전문가 정신) ········· 126
고립 ········· 136
정의론과 공리주의 ········· 141
The man on the spot ········· 147
비교 ········· 153
시스템 사고 ········· 160
응급실 뺑뺑이 ········· 167
불확실성 ········· 173
공유지 비극 ········· 178
내힘동편, 내가 힘들면 동료가 편하다 ········· 183

마무리하며 ········· 188
감사한 사람들 ········· 193

적응

폭포,
지나가는
물방울
하나하나가
모여 폭포

적응 1.

 1년 차 초반 심근 경색 환자 인계를 받으면서 야간 근무를 시작하였다. 40대 중반 남자인데 네 시간 전에 발생한 흉통으로 내원, 심전도에 **acute MI**라고 찍혀 있어 진통제를 투여했고 내과에 연락은 되었다고 했다. 인계 뒤 밀려오는 환자 진료에 정신이 없었다. 1시간이나 지났을까. 간호사가 다급히 나를 찾는다. 환자 의식이 처진다고. 맥박이 안 느껴진다. 불러도 대답이 없다. 심정지. 기관삽관을 세 번 시도 만에 성공하고 심장 압박을 하고 에피네프린을 주고… 다행히 환자는 자가순환회복이 되었다. 인턴을 직접 보내 2년 차 내과 전공의를 깨워 응급실로 데리고 왔다. 내과 전공의도 화내고 심장내과 교수님은 더 화내고, 응급의학과 치프는 나에게 소리친다. "조준호, 1주일 에당[1]! 그리고 STEMI 심전도 소견과 초기 응급처치, 심장내과 처치 공부하고 다음 주 토픽 시간에 발표!"

다음 날 근무. 환자가 얼굴과 좌측 팔다리 편마비로 왔다. 그런데 이상한 것이 증상이 호전과 악화를 반복한다고 한다. 일과성 허혈성 뇌졸중인가? 머리 CT를 찍으니 우측 중뇌동맥이 담당하는 부위에 hypodense한 병변이 보인다. 우측대동맥 뇌경색이다. 신경과에 연락하고 다른 환자를 보고 있었는데 간호사가 환자 의식이 처진다고 한다. 맥박은 있다. 아주 약하게. 뭐지? 뭐지?

"이 환자 무슨 약 들어갔나요?" "신경과에서 혈전용해제를 방금 시작했어요." 뇌출혈인가? 기관삽관하고 다시 CT를 찍었다. 뇌출혈이 없다.

---

[1] 에당은 1주일 동안 집에 못 가고, 수면 시간 외에는 응급실에서 환자를 봐아 하는 everyday 당직인 벌

뭐지? 결국 환자는 대동맥 박리로 사망하였다. 응급의학과 치프는 나에게 지시했다.

"조준호, 1주일 에당! 그리고 대동맥 박리 증상과 치료, 특히 비전형적인 대동맥박리 증상 공부하고 다음 주 토픽 시간에 발표!"

다음 근무 땐 상부위장관 출혈로, 그다음 근무 때 봉합을 잘못했다는 이유로, 어깨 관절 도수정복을 실패해서, 귀에 들어간 벌레를 못 꺼내고 코에 들어간 장난감을 더 집어넣고 맹장염을 놓치고 폐렴 항생제 처방에 대해 모르고 저나트륨 혈중 교정을 못 하고, 당뇨병케톤산중 치료를 못 하고 약물 중독 환자 치료를 모르고, 중심정맥관 삽입하다 기흉을 만들고….

아무리 공부해도 매번 근무마다 다른 질병, 다른 증상, 다른 환자가 나타나고, 끝도 없는 에당과 공부, 토픽 발표가 이어졌다. 도대체 응급의학과는 언제쯤 공부가 끝나나 하는 생각에, 그리고 타과 동기들은 분과 섹션을 돌고 한 달만 지나도 그 분야에 대해 뭔가 많이 아는데, 난 도대체 성장한다는 느낌을 받을 수 없었다. 매일 매일 모르는 게 더 많아졌다.

전문의가 되고, 의학교육을 공부하면서, 의대 교육에서 나선형(spiral) 교육 과정의 중요함을 알게 되었다. 응급실에서 1년, 2년, 3년… 일하다 보면 언젠간 다시 심근경색 환자를 만나게 되고, 대동맥 박리 환자를 진단하게 되고 당뇨병케톤산증 환자를 치료하게 된다. 또 시간이 지나면 다시 어깨를 끼워 넣고 턱을 맞추고 폐렴을 치료하게 된다. 이런 과정이 시간 차이를 두고 반복되면서, 벽돌을 쌓듯이 차곡차곡 지식과 경험이 축적되면서 응급의학과 전문의가 되어 간다.

대학병원 응급의학과 수련 과정은 타과 수련 과정과는 조금 다른 면이 있다. 환자와 질병 범위가 너무 넓고 너무 무작위로 맞닥뜨리게 된다. 아무리 공부하고 준비해도 항상 잘 모르는 환자와 질병을 진료해야만 한다. 그래서 응급의학과 수련은 팀이 중요하다. 1년 차만 혼자 밤을 꼬박 새우면 안 된다. 2년 차도 3년 차도 4년 차도, 그리고 교수도 같이 밤을 새워야 한다. 팀 전체 의료진이 지식을 모으고 경험을 나누며 한 명 한 명 환자를 진료하고 타과 의료진 협진까지 해야 한다. 그렇게 해야 겨우 환자 한 명 안전을 보장할 수 있다. 물론 전문의가 되어도 모르는 증상, 진단, 환자를 만난다. 하지만 4년 수련을 통해 우리는 응급의학과 의사끼리만 알 수 있는, 환자를 놓치지 않는 능력을 갖게 된다. 그 능력은 답을 몰라도 해결하는 능력이다. 4년 동안 하루하루 처음 보는 문제를 풀어보는 수련을 하면서 그런 능력을 갖추게 된다. 새로운 증상, 진단, 환자에 대해 쉬는 날마다 고민하고 공부하고 추적 관찰하면서 그 경험과 지식을 차곡차곡 모으면 어느새 응급의학과 의사가 만들어진다.

꽃보다 잎, 줄기, 뿌리

적응 2.

응급의학과 전공의 수련 규정에 의무적으로 타과 파견 근무를 해야 하는 시절이 있었다. 대한응급의학회에서 응급의학과 전문의 자격시험 요건으로 타과 수련 6개월을 요구했다. 2000년 당시 응급실 근무할 응급의학 전공의도 모자라는 상황에 타과 파견은 사치였다. 결국 소위 24시간 7일 완전파견은 불가능했고, 낮엔 타과로 파견 가고 밤엔 응급실 근무를 서는 반쪽짜리 파견이 되었다. 하지만 외과 2개월 파견은, 응급의학과 초기 지도 교수님들이 외과 전문의여서인지, 원칙대로 외과 전공의와 똑같이 온전히 외과에서만 일을 했다.

외과 1년 차 삶은 응급의학과와는 달랐다. 월화수목금은 정신없이 지나가고 토일은 여유로

웠다. 아침 5시에 일어나 30분간 샤워를 하고 커피를 마시고 입원 환자 수술 부위 소독과 회진 준비를 한다. 7시쯤 치프 회진을 돌고 그 이후 교수님과 아침 회진을 끝내자마자 수술실로 들어가 아침 첫 환자 수술 준비를 한다. 수술실 이 방 저 방 들어가면서 당기기, 닦기를 하다 운 좋으면 점심을 먹고 저녁까지 수술실 보조를 하였다. 저녁에 밖으로 나오면 하루 종일 쌓여 있는 병동 환자 업무를 해결해야 한다. 저녁을 먹는 둥 마는 둥 하고 있으면 병동 당직인 날은 병동에서, 응급실 당직인 날은 응급실에서 삐삐 연락이 끊이질 않는다. 22시 야간 치프 회진을 돌고 나면 자정이 가깝다. 낮에 수술한 환자들 수술 기록지를 다 쓰고 내일 수술 준비를 챙기면 1시나 2시. 방금 잠든 것 같은데 다시 5시. 월화수목금…

하지만 정규 수술이 없는 토요일과 일요일은 달랐다. 아침 회진이 끝나면 보통 교수님과 세상에 나가 점심을 먹는다. 토요일 오후는 운 좋으면 낮잠도 잘 수 있었다. 쉬는 주말은 집에 갈 수도 있었다.

외과 1년 차 생활에 적응될 때쯤, 아침 회진 때마다 나를 기다리는 환자와 보호자가 눈에 들어오기 시작한다. 나도 입원 환자가 밤새 안녕하셨는지 궁금해지기 시작한다. 수술 상처가 잘 아물면 나도 기분이 좋고 상처에서 진물이 나거나 고름이 나오면 환자만큼 속상하고 걱정이 생긴다. 물론 교수님 심기가 불편해질까 신경이 쓰인다. 파견 한 달쯤 지나면서 수술 뒤 회복되어 건강을 되찾고, 암이 주는 공포에서 일단 해방되었다는 안도감에 표정이 밝아지는 환자들을 보면서 비록 내가 직접 수술한 것은 아니지만 당기고 닦고 소독했던 내 역할이 조금이라도 도움이 되었을 거라는 생각에 보람도 느끼고 뿌듯한 감정도 가질 수 있었다. 그리고 진심으로 나에게 고마움을 표하는 환자와 보호자를 만날 수도 있었다.

다시 응급의학과로 돌아와 응급실 근무를 선다. 월화수목금은 정신없이 지나고 토일은 아예 정신이 없다. 아침 6시에 일어나 30분간 샤워를 하고 커피를 마시고 응급실로 나가 어제 근무자들과 교대하고 24시간 응급실 근무를 시작한다. 어제 공부한 지주막하출혈 환자는 끝내 오지 않는다. 배달시킨 점심은 5분 만에 먹고 다시 응급실. 응급실 병상이 꽉 차서 오후부터는 환자와 보호자에게 다른 병원 가라고 설득하는 일이 주 업무가 된다. 오후 5시쯤 어제 근무자가 잠시 나와 응급실 근무를 맡아주고 나는 저녁 치프 회진을 돈다. 회진 뒤 바로 저녁을 먹고 다시 응급실. 밤엔 주취자 상대와 입원 병실이 없어 응급실에서 1박 2일 병실 대기하는 환자 보호자 불평을 덜어 드리는 게 주 업무가 된다. 새벽 4시, 응급실 창문으로 보이는 달을 보면서 그만둘까 잠시 고민한다. 아무도 나에게 고마워하지 않는다. 오늘 근무자가 6시 30분쯤 출근하면 난 아침 치프 회진을 준비해 치프에게 보고하고 교수님 회진을 돈다. 다 끝나면 10시. 이제 자러 간다. 5시에 다시 나와야 하니까.

응급실로 오는 환자는 평일보다 토요일 일요일에 압도적으로 많아진다. 입원 병실도 여유로워 밑 빠진 독처럼 응급실 침대는 항상 비어 있다. 저녁 치프 회진도 없어서, 중간 회진 준비하면서 잠깐 가지는 여유 시간도 없다. 말 그대로 토일은 토 나오게 일하는 날이다.

응급의학과 1년 차 생활에 적응할 때쯤, 환자도 보호자도, 타과 의사도 응급의학과 의사를 좋아하지 않음을 알게 된다. 환자와 보호자는 항상 '응급실 자리가 없다, 입원이 어렵다, 수술이 안 된다, 전원 가야 한다'만 기억한다. 타과 의사는 안 그래도 바빠 죽겠는데 일을 더 만든다고 불평한다. 응급의학과 의사한테 그렇게 큰소리치고 욕하던 환자 보호자와 응급의학과 의사한테 불평과 무시하는 언행을 보이는 타과 의사가 서로 만나면, 환자는 공손하고 의사는 그렇게 인자할 수가 없다. 당연한 입원에도 환자 보호자는 타과 의사에게 무척 감사해한다.

    24시간 근무제에서 근무-잠-근무-잠이 반복되는 생활을 3년 가까이 하다 보니(3년 차 후반에 12시간제로 바뀌었다) 누군가에게 힘든 일 한다고 인정이라도 받으면 좋았겠지만, 응급의학과는 그런 과가 아니다. 우리는 응급 상황에서 환자가 그 위기를 넘겨 수술이나 치료를 받을 수 있게 하는 의사다. 우리는 애매한 환자 증상에서 최대한 진단을 해내는 의사다. 진단과 응급처치를 동시에 하는 의사다. 우리는 타과가 응급실에서 그들 역할을 잘할 수 있게끔 도와주는 의사다. 때로는 환자 편에서 그들을 대변하여 의사를 설득하고, 때로는 의사 편에서 환자를 설득하는 변호사다. 영화감독이나 촬영 감독, 작가는 영화에 나오지 않지만, 그들 덕분에 영화가 만들어지고 주연 배우가 빛나고 사랑받는다. 조명 감독은 무대에서 보이진 않지만, 조명 뒤에 있어 무대가 밝고 주연 배우가 빛난다.

응급의학과 의사는 심장내과, 신경외과 의사들이 꽃을 피우게 하는 잎과 줄기 그리고 뿌리다. 세상 사람 모두 예쁘고 화려하고 향기로운 꽃만 볼 줄 안다. 어느 누구도 "잎이 예쁘네, 줄기가 화려하구나, 뿌리 향기가 좋구나" 하지 않는다. 하지만 꽃은 잠깐이고 잎, 줄기, 뿌리는 영원하다. 아무도 알아주지 않아도 우리가 있어 꽃이 핀다.

반복, 탁월함을 만드는 습관

적응 3.

 의사 수련 과정엔 어느 정도 정형화된 방법이 있다. 환자 진료, 회진, 토픽 발표, 저널 리뷰, 논문 발표, 학회 참석, 연구회 참석 등이다. 언제부터 이런 방법들이 사용되었는지 정확히 알 수는 없지만 1889년 개원한 존스홉킨스 병원 건물 구조가 회진을 위해 둥글게 지어졌다는 걸 보면 백 년 이상은 되었다. 보통 매주 1회 토픽 발표와 저널 리뷰를 하게 된다. 토픽은 주로 에당(everyday 당직)을 받게 만든 질환이나 치료에 대하여 발표를 하게 되고 저널은 펠로우나 교수님이 지정해 주시는(아마 주 관심사이나 직접 보기는 귀찮은) 해외 논문 여러 편을 5분 혹은 10분 요약으로 전공의가 발표한다. 전공의는 수련 기간 4년 동안 논문 1편을 써야 하는데, 보통 1년 정도 걸린다. 아무래도 응급실 진료와 병행하다 보니 작성 시간이 길어진다. 말이 논문이지, 전공의 논문이다 보니 타 대학 전공 논문보다 길이도 짧고 내용도 깊이 들어가진 못한다. 학회는 기본적으로 대한응급의학회 춘계, 추계학회에 참석하게 되는데, 이것도 응급실 근무 때문에 다 참석하진 못하고 4년 동안 3회 혹은 4회 정도 참석할 수 있다. 각종 연구회 모임은 대부분 전날 24시간 근무하고 쉬는 날 저녁에 참석하기 때문에 전공의는 다 잔다.

결국 응급실 진료와 회진이 응급의학과 수련 과정 핵심이다. 병원과 시기에 따라 다르지만 대략 평균 하루 100명 정도 응급실로 환자가 온다고 가정하면 1년 36,500명이고, 나는 24시간 근무제를 했으니 1년에 18,250명 환자를 만날 기회가 있었을 것이다. 4년이면 다시 73,000명으로 늘어나지만, 매년 1주일 휴가를 갔으니 3000명은 못 봤다 치고 70,000명 정도 환자를 봤을 것이다.

안녕하세요, 응급의학과 조준호입니다. 어디가 아파서 오셨어요? 언제부터인가요? 과거력이 뭐가 있으세요? 열이 있었나요? 구토는요? 설사는요? 신체 검사 좀 해볼게요. 숨 들이쉬세요. 내쉬세요. 여기가 누르면 아픈가요? 손을 뗄 때는요? 옆구리 통증은? 눈 크게 뜨세요, 불빛 바라보세요, 이 해보세요, 팔 들어보세요, 다리 들어보세요, 감각은 양쪽이 같은가요? 어디 다치신 건 아니죠? 약물 알레르기 있으세요? 피검사랑 영상검사 할게요, CT를 찍어야 할 것 같습니다. 피검사 영상검사 소견상 뭐가 의심됩니다. 일단 약 처방하고 ○○과 협진할게요, 입원이 안 될 수 있어요, 전원 가셔야 합니다. 그 과 선생님 곧 오신대요, 조금 기다려 주세요, 그 선생님 지금 수술 중이신가 봐요(실제론 자고 있겠지만).

거의 비슷한 진료 과정을 7만 번 하게 된다. 과정뿐만이 아니다. 질환별로 봐도 발열, 복통이 응급실로 오는 주 증상 가운데 제일 많다. 쉽게 말하면 나는 비슷한 증상에 대해 비슷한 과정을 7만 번 이상 반복하고 전문의가 된 것이다.

전공의 때 가끔 '찝찔이'라는 표현을 쓴 적이 있다. 환자에게 그런 표현을 쓰는 건 잘못한 일이지만, 전공의 당시엔 너무 힘든 나머지 단순 장염이나 감기로 오는 환자에게 원망이 커 썼던 단어다. 이 단어에는 이런 가벼운 증상이나 병을 가지고 대학병원 응급실까지 오고 그러냐는 생각이 조금 들어있지만, 대부분은 내가 이런 환자는 이제 많이 봐서 별로 신경을 쓰지 않아도 된다는 오만과 방자함이 진하게 묻어 있다. 전공의 때는 중환을 보는 '진짜' 의사가 되고 싶었다. 나중에, 안과 전문의가 된 친구와 이런 얘기를 할 기회가 있었는데, 그 친구가 이렇게 말해줬다.

"안과 의사가 제일 많이 보는 환자가 뭔지 알아? 결막염 환자야. 결막염 환자가 80~90%는 되는 거 같아. 모든 과 의사는 다 같을걸. 어떻게 맨날 시술하고 수술하는 중한 환자만 진료해. 대부분 의사는 의사에게 도전이 되지 않는 그저 그런 환자를 보면서 살아."

대학 교수가 되고 나서, 신임 교원 워크숍 때 연구비를 수백억 받는 선배 교수 강의를 들었다. 현재 어떤 연구를 하고 있고 연구비는 얼마고 연구원은 몇 명이고 이 연구가 앞으로 얼마나 암 치료에 도움을 줄 가능성이 있는지 발표하였다. 너무 부러웠다. 타 대학에서 교수로 재직 중인 외삼촌과 연구비에 관해 얘기 나눌 기회가 있었는데, "준호야, 너한테 지금 10억 연구비 주면 너 그걸 잘 쓸 수 있을 거 같아? 절대 안 그래. 너 연구계획서도 못 쓸걸? 거기에 10억에 대한 예산 계획, 사용처 다 써야 하는데 할 수 있어? 무슨 일이든 다 차근차근 밟아 올라가는 거야. 그래야 높은 곳까지 올라갈 수 있는 거야. 세상 모든 일이 다 그래."

전공의 과정에는 보통 수련(training)이라는 단어를 붙여 쓴다. 전공의 학습, 전공의 교육은 왠지 딱 들어맞는 어감이 아니다. 보통 수련이라는 단어는 군인, 경찰과 어울리는 단어다. 어릴 때 봤던 중국 무술 영화에서도 주인공은 아버지 원수를 갚기 위해 필살기를 '수련'하였다.

수련은 반복이다. 그것도 아주 단순한 작업을 반복한다. 그 반복 안에서 습관이 완성되고, 습관이 탁월함을 만들어 마지막 순간 한 끗 차이로 원수를 갚는다. 전공의 과정에 수련이라는 단어를 선택한 이유는 아마도 의료 특성 때문에 진료가 반복됨을 피할 수 없고, 그 반복됨에서 의사로 되어 가는 경험 때문이었을 것이다.

응급의학과 전공의 시절, 수많은 경환을 진료한 경험이 그 환자들 가운데 숨어 있는 중환을 찾아내는 능력을 만들어줬다. 똑같이 배 아프고 열나서 응급실로 오지만, 첫눈에 아니 온몸 촉각이 곤두서게 중환을 감지해 낸다. 이유는 모른다. 그냥 왠지 그렇게 된다. 의학 교육에서 초심자는 환자를 진료할 때 스키마(schema)를 이용한 접근법을 사용하지만 전문의가 되어갈수록, 즉 경험이 쌓일수록 경향 파악(pattern recognition)을 통해 진단에 접근한다고 한다. 쉽게 말하면 '척' 보면 '탁' 알게 된다. 반복이 만들어 낸 습관, 그리고 그 탁월함이 환자를 지킨다. 그리고, 이젠 그 '찝찔이' 환자에게도 어떻게 하면 조금 더 친절하고 쉽게 설명할 수 있을까, 더 안심시켜 줄 수 있을까도 고민할 수 있는 여유가 생겼다.

하지만 반복이 완벽함을 만들진 않는다. 단지 불완전함을 줄일 뿐이다.

화이트 해커

적응 4.

해커(hacker)라는 단어는 1960년대 MIT '테크 모델 레일로드' 클럽에서 시작된 용어로 시스템 한계를 창의적으로 극복하는 기술 전문가라는 뜻으로 쓰였으나 1970년대 전화교환시스템을 이용한 해킹 등장과 함께 나쁜 의미를 갖게 되었다고 한다. 앨런 튜링이 독일군의 에니그마 암호 체계를 해독한 것을 최초 해킹으로 보기도 하며, 현대에는 정보 시스템 취약점을 찾아내고 방어하는 전문가로 그 역할이 확장되어 가고 있다. 선한 의도로 시스템을 지키고 방어하는 화이트 해커는 아무 일도 일어나지 않으면 회사나 고용주가 "너 뭐하니?"라고 하고, 악의적인 블랙 해커가 시스템을 침입해서 난리가 나면 "너 뭐했니?"라는 말을 듣는, 평화로울 때나 위기 상황에서 모두 불평을 듣는 직업이라고 한다. 그리고 칭찬을 받거나 존재 가치를 인정받으려면 일단 블랙 해커 공격이 있고 이를 아무 문제 없이 잘 막아야 해서 언제나 긴장할 수밖에 없는 직업이라 한다. 반면 블랙 해커는 공격 시점을 자기가 정할 수 있어 항상 긴장할 이유가 없고, 무엇보다 돈을 더 벌 수 있어 화이트 해커도 차라리 블랙 해커가 되기를 끊임없이 고민하게 된다고 한다.

응급의학과는 1987년 영동세브란스병원(현재 강남세브란스병원)에서 처음 만들어졌다. 1988년 올림픽 개최를 하게 되면서 올림픽위원회로부터 응급의료체계를 요구받은 정부는 급하게 응급의학과를 만들기로 하였고 초기엔 외과 전문의 교수님들께서 응급의학과를 이끌어 주셨다. 1995년이 되어서야 응급의학 전문의 제도가 마련되었다. 상대적으로 인원이 적었던 응급의학과는 기존 과 영역을 침범한다는 오해로 타과와 갈등이 많았고 알게 모르게 병원에서 무시와 억압을 받았다. 내가 1년 차였던 2000년만 하더라도 상부위장관 출혈이 의심되는 환자가 저혈압이 지속되어 중심정맥관을 속목정맥에 잡았는데, 이를 두고 왜 내과 환자인데 응급의학과에서 손대냐고 엄청 뭐라 했을 정도다. 당시 "응급의학과는 콜센터 역할이나 잘하세요."라는 말을 들었다.

현대 의료는 전문화가 진행되면서 의료 현장은 세밀화되어 갔고 그럴수록 사이가 벌어지면서 누군가는 그 간격을 메꿔야 했다. 응급의학과가 바로 그 누군가였다. 소화기내과 의사는 폐렴 환자를 못 보겠다고 하고 호흡기내과 의사는 배 아픈 환자는 본 지 오래되었다고 한다. 심장내과 의사는 두통 환자를 보면 안 된다고 생각한다. 한 환자가 두통 이후에 의식이 처지고 열이 나면서 폐렴이 있고 간 수치가 올라가면 어떤 과 의사도 입원시키지 않았고, 환자는 응급실에서 몇 날 며칠을 보내야 했다. 응급의학과 의사는 이런 환자를 응급실에서 진료해야만 했다.

응급실은 24시간 운영되고, 언제 어떤 환자가 올지 모르기 때문에 아무리 준비를 잘하고 있어도 문제가 발생하기 쉬운 장소이다. 다른 과 의사들은 응급실에 상주할 수 없어 빈 공간은 더 커진다. 응급의학과 의사가 일을 열심히 아주 잘하면 그날 밤 응급실은 조용하다. 밤사이 아무 일 없이 조용히 지나가면 "응급의학과는 뭐하니?"라고 궁금해한다. 문제가 생기면 "응급의학과는 뭐했니?"라는 소리를 듣는다. 칭찬받은 적이 있던가? 내 기억엔 없다. 문제가 발생하지 않으면 그게 최선이었다.

응급의학과 전공의 면접시험 때 교수님이 물어보셨다. "왜 응급의학과에 지원하는가?" "밤을 지키는 의사가 되고 싶습니다." "무슨 의미인가요?" "이 병원엔 저보다 내과 환자를 잘 보시고,

외과 환자 수술을 하실 수 있는 의사가 많지만, 낮에만 그렇습니다. 밤엔 다 없습니다. 그런데 환자는 낮에만 생기진 않습니다. 밤에도 발생하는 환자를 봐주는 의사는 부족합니다. 전 그 부족한 부분에서 제 역할을 찾고 싶습니다. 밤사이 어떻게든 환자를 잘 진단하고 살려서 저보다 지식과 경험이 많은 의사가 진료할 수 있게 하는 의사가 되고 싶습니다."

 쉰 살이 넘었다. 지금도 밤을 지키는 의사이고 싶나? 전공의 시작 때와 같은 동기로 끝까지 남는 사람은 없다. 누구나 예상하지 못한 도전과 시련을 겪으면서 혹은 깨달으면서 새로운 동기를 발견한다. 끝없이 이어지는 동기가 나를 밤을 지키는 의사로 남게 한다.

Doughnut of Truth.

적응 5.

 2012년에 번역되어 한국에 소개된 에릭 토폴의 『청진기가 사라진다』라는 책이 있다. 디지털 기술 발전으로 인한 의학 패러다임 변화를 다룬 책으로, 인간 신체와 생체 신호를 디지털화하고 분석하여 의료 민주화와 환자 중심 시대를 예측하였다. 이 책은 청진기가 사라지는 현상이 단순히 도구 하나가 없어지는 의미보다는 의사-환자 관계 변화, 개인 맞춤 의학 도래, 그리고 의료인과 환자가 함께 의료를 주도하는 새로운 의학 미래를 보여주는 상징적인 사건이라고 주장하였다. 당시엔 아무런 감흥이 없었는데 요즘 내 진료 행태를 보면 섬뜩할 정도로 예측을 잘했다는 생각이다.

 청진기가 진짜 필요할까? 청진음을 구별하는

것이 필요할까? 이상 호흡음을 구별하고 심음에서 S1, S2, S3, S4를 분리해서 인식하고 이상을 알아내며 장음 소리를 5초 이상 들어야 할까? 경동맥에서 잡음(bruit)를 들음으로 뇌졸중 위험을 알아낼 수 있을까? 호흡음은 흉부 방사선 사진과 컴퓨터 단층촬영(computed tomograph, CT) 앞에서 힘을 낼 수 있을까? 심음은 심초음파와 도플러 앞에서 존재 가치를 증명할 수 있을까? 경동맥 초음파보다 경동맥 잡음이 치료에 영향을 더 많이 줄까?

요즘 대부분 응급실에선 환자 진료에 머리, 가슴, 배 CT가 거의 기본 검사다. 마치 옛 농담처럼, 머리 아프면 머리에 빨간 약 바르고, 배 아프면 배에 빨간 약 바르듯이 머리 아프면 머리 CT, 배아프면 복부 CT를 찍는다. 흉통에는 당연히 heart CT다. 요즘 CT는 촬영 시간이 엄청 짧아져 심장 박동 사이사이 촬영이 가능해졌다. 또한 기술 발전으로 방사선량을 줄일 수 있게 되었다. 그래서 요즘 거의 모든 진단은 초음파 대신 CT로 이뤄진다. CT가 진실의 도넛(Doughnut of Truth)이다.

내가 응급의학과 전공의 땐, CT가 매우 특별한 검사였다. 우하복부 통증으로 내원한 환자가 맹장염이 의심되면, 외과에 협진을 먼저 하고, 외과 1년 차는 2년 차, 3년 차, 그리고 치프에게 차례대로 보고하고 겨우 찍을 수 있었다. 필름 또한 외과 인턴이 바로 가지고 가 버려 난 CT 영상을 말과 글로만 보았다(실제 영상을 본 적은 없고 전화로 소견을 듣거나 의무 기록 판독지를 읽었다). 공보의를 마치고 펠로우로 돌아오니 응급의학과 2년 차 전공의가 복부 CT 처방을 내고 판독을 하고 있었다. 부산에서 근무하다 다시 세브란스로 올라오니 4년 차 전공의는 심초음파를 하고 있었고, 머리 CT는 혈관 촬영까지 다 하고 있었고, 심지어 머리 MRI까지 처방 내고 판독하는 것이 아닌가!

의학 기술이 발전할수록 응급의학과 의사가 알아야 하는 지식도 기하급수적으로 늘어난다. CT 검사가 늘어나면서 진단도 더 다양해진다. 더 무서운 점은 지식이 부족하면 이젠 바로 소송으로 이어진다는 점이다. 머리 CT 혈관 촬영을 했는데, 조그마한 동맥류를 놓치면 추후 뇌출혈이 발생하여 환자가 사망할 수 있다. 최근 4개월 전 촬영한 머리 MRI 검사에서 조그마한 뇌졸중이 발견되었다고 연락을 받고 부랴부랴 환자에게 다시 연락한 적도 있다. 복부 CT에서 조그마한 암을 놓치기라도 하면, 6개월 뒤 외래에서 문제가 될 수도 있다. 응급실은 다른 과들 최신 지식이 경합을 벌이는 장소가 된다. 그만큼 최신 지식이 동시다발적으로 나에게 떨어진다.

다행이랄까, 최근 인공지능 기술 발전으로 반대 의미로 도움이 된다. 예를 들어 흉부 엑스레이는 인공지능이 판독을 도와주는데, 시간이 지날수록 정확해지고 있으며 환자 퇴원시킬 때 인공지능에게 꼭 확인받는다. 심전도 판독도 이제는 거의 심장내과 교수님 수준을 넘어섰다. 심전도가 우리 눈에 괜찮아 보여도 인공지능이 중환이라고 하면 나중에 중환이 된다. 심지어 심전도 이외에 아무런 환자 정보도 주지 않는데도 예측을 기가 막히게 한다.

얼마 전 근무 때 왼쪽 다리에 힘이 들어가지 않는 환자가 왔다. 의식과 팔은 정상이어서 뇌졸중은 아니라고 판단, 허리 문제인가 싶었지만 허리 통증도 없고 L2(요추 2번 신경이 담당하는 부위) 문제로 보였는데, 엑스레이에선 문제가 없다. 뭘까 싶어 ChatGPT한테 환자 과거력과 현재 증상을 입력하고 뭐 같아? 하고 물어보니 여러 가지 가능성을 제시했는데, 그 가운데 말초 신경 장애, 예를 들어 대상포진 등등이라는 설명이 있었다. 환자 바지를 내려 허벅지 피부를 보니 대상포진이 있었다. 대상포진으로 운동 저하까지 발생한 경우를 본 적이 없어 설마 했는데 환자는 결국 그렇게 진단되었다. 동료 교수님은 개인 패드에 틴틴넬리 응급의학과 교과서 등 진료에 필요한 자료를 넣어놓고 notebooklm을 이용해 필요한 정보를 검색해 환자 진료에 적용한다. 이젠 수많은 의학 지식을 외울 필요 없고 뭐가 필요한지 제목만 기억하면 된다. 아니 그냥 큰 방향만 기억하면 된다.

하지만 이런 기술 발전은 한순간에 쓸모가 없어진다. 컴퓨터 서버 다운. 가끔 한 번씩 이유 모르게 병원 전체 서버가 다운되면 병원은, 특히 응급실은 난리가 난다. 환자 접수부터 처방, 검사 결과 확인, 퇴원 계산 모든 업무가 마비되고, 일정 시간이 지나도 해결되지 않으면 서류 작업으로 진행하지만, 이미 병원에는 나같이 종이 의무 기록 시대를 경험해본 의사나 간호사는 25%도 안 된다. 요즘 아이들은 태어나면서부터 핸드폰을 사용하듯이 대다수 젊은 의료진은 전산으로만 환자를 진료해봤다. 이때 환자는 어떻게 진단하고 응급처치를 할 수 있을까? 다시 청진기다. 다시 손이다. 다시 문진이다. 청진기로 대변되는 아날로그 방식은 여전히 중요하다.

마지막 한 가지 더.

의과대학 학생을 대상으로 하는 환자와 의사 관계에 대한 강의에서 사용하는 동영상이 있다. 스탠포드 감염내과 의사인 에이브러햄 버기즈(Abraham Verghese)가 TED에서 강연한 A doctor's touch라는 동영상이다. 후천성면역결핍증 환자가 치료약이 개발되기 전이어서 많이 죽던 시절, 본인이 담당한 환자 얘기를 해줬다. 환자가 죽기 직전까지 의사가 회진가면 그 힘 없는 가녀린 팔로 겨우겨우 자신 환자복 앞섶을 주섬주섬 열고 의사는 청진기를 가슴에 대었다고 한다. 이 환자에게 청진이 무슨 의미가 있을까? 곧 죽을 환자인데. 어차피 폐렴 진단을 하여도 면역결핍으로 치료할 수 없는데. 청진은 이 환자와 의사에겐 의식(ritual)이었다. 의사는 환자에게 언제나 당신 곁에서 끝까지 당신을 지키겠다는 약속을 다짐하는 의식이고, 환자는 내 생명을 당신에게 온전히 맡기겠다는 의식이었다고 한다.

I will always, always, always be there.I will see you through this. I will never abandon you. I will be with you through the end.

환자가 자신 영혼과 신체를 드러내는 의식이 가지는 중요성을 간과해서는 안 된다. 의식은 변화를 표명하기 때문에 인간에게 매우 중요하다. 의사가 이런 신체 진찰 의식을 하찮게 여기면 환자는 의사가 자신에게 관심이 없다고 느끼고 의사는 신뢰를 잃게 된다.

죽음이 삶에 묻는다

적응 6.

응급의학과 의사를 하면 죽음을 보는 경우가 많다. 의정 사태 전 응급실 통계를 봐도 대략 1년에 300건 가까운 DOA(응급실 도착 전 사망한 환자)와 300건 가까운 expire(응급실에서 사망한 환자)가 발생한다. 합치면 1년에 600건, 한 달에 50건, 거의 하루에 한 명 혹은 두 명인 셈이다. 인턴 때 얼마나 많은 사망환자를 겪었는지는 중요하지 않다. 책임이 없기 때문이다. 전공의 때부턴 내가 1차 책임자로 심폐소생술도 해야 하고 사망 선언을 하고 보호자에게 설명해야 한다. 자가순환회복이 되면 심정지 원인도 찾아야 하고 다시 심정지 발생을 예방해야 하며 심정지 뒤 치료(저체온치료, 인공호흡기 관리, 중심정맥관 삽입, 혈압 관리 등)도 해야 한다. 그래서 심정지 환자는 처음엔 두렵고 무섭다. 더군다나 응급실에서 치료하다 발생한 심정지는 무조건 살려야 한다.

『죽는 게 두렵지 않다면 거짓말이겠지만』(하이더 와라이치 지음)이라는 책에 저자는 의사로서 처음 사망환자를 볼 때를 아래와 같이 기억한다.

> 나는 가족에게 둘러싸여 죽어가는 환자의 병실에 서 있었다. 병실에서 내가 가장 나이가 어린데도 다들 의사인 나만 쳐다보며 답을 내놓기를 바라고 있었다…. 환자의 가족은 삶에 대해 나보다 훨씬 아는 게 많았지만 죽음에 대해서는 너무나 아는 게 없었다.

응급의학과 1년 차 어느 날, 어머니에게 전화가 왔다. 비 내리던 그날은 유비무환(有備無患)이라 환자가 없어 통화를 할 수 있었다. 특별한 내용은 아니었는데 그때 병원 밖 심정지 환자가 왔다. "나 심폐소생술 해야 해. 끊어요. 나중에 연락할게요." 환자 심폐소생술을 끝내고 사망 선언을 한 뒤 바로 영안실에 연락, 보호자 설명은 기계처럼 한다. 간호사에게 "침상 정리 빨리 해주세요. 언제 다음 심정지 환자가 올지 몰라요." 벌써 가을이라 이젠 별로 두렵거나 무섭지 않다. 그냥 평범한 환자다. 다행히 심정지 환자는 더 오지 않았지만 비가 그쳐 우후죽순(雨後竹筍)처럼 응급실 환자가 밀어닥쳤다. 저녁 8시쯤 어머니에게 다시 전화가 왔다. "그 환자 어떻게 됐니?" "어떤 환자요?" "그 심폐소생술 환자." 나에겐 더는 특별한 상황이 아닌 심폐소생술 상황이, 당신 아들은 그런 환자를 거의 매일 하루에 한 번 이상 본다는 내 설명에 어머닌 큰 한숨을 쉬셨다. 그때 깨달았다. 내가 겪는 이 일들이 보통 일은 아니구나.

드라마 '골든타임' 자문의사 역할을 할 때, 작가나 감독은 심폐소생술 장면이 좀 더 자극적이길 원했다. 하지만 우리는 심폐소생술 할 때 급하거나 떠들지 않는다. 조용히 자기 일을 할 뿐이고, 그렇게 하도록 훈련받는다. 산모가 교통사고로 심정지가 왔고 아이를 구하기 위해 인턴이었던 주인공이 응급 제왕절개술을 응급실에서 하는 장면이었다. 방송이 나가고 의사들은 댓글에서 거짓말, 비현실적, 소송은 누가 감당하냐, 자문 누가 했냐라는 비난을 했으나 일반인은 아이를 꺼내는 장면에 박수와 공감을 보냈다. 무엇보다 촬영 현장에서 마네킹 아이를 꺼내는 장면임에도 촬영 스텝들은 모두 감동하며 눈물을 짓고 박수를 보냈다.

의사들도 특별한 환자 경험을 통해 죽음에 대해 고민하기 시작한다. 본인 자녀와 비슷한 나이 소아 환자 죽음을 경험하거나 본인이 응급기관 삽관을 실패 해 급성 후두개염 환자가 심정지까지 발생한 경우 등을 겪으면 그 환자 죽음은 이전 죽음과는 다른 의미로 다가온다. 더 이상 나와 상관없는 죽음이 아니다. 내가 만든 죽음처럼 느껴진다.

아툴 가완디가 쓴 『어떻게 죽을 것인가』라는 책에서 저자는 '현대 과학 기술은 인간의 삶을 근본적으로 변화시켰다. 사람들은 역사상 그 어느 때보다 더 나은 삶을, 더 오래 누리고 있다. 그러나 과학의 발전으로 인해 나이 들어 죽어가는 과정은 의학적 경험으로 변질되었고, 의료 전문가들의 손에 맡겨야 하는 문제가 되었다. 그런데 의학계에서 일하는 우리들은 이 문제를 다룰 준비가 놀라울 정도로 되어 있지 않은 것으로 판명되었다'라고 주장하였다.

연명의료에 관한 법률이 시행되면서 더욱 많은 임종기 환자가 응급실로 내원한다. 2차 병원이나 요양병원에서 임종기를 준비하다 진짜 돌아가시기 직전에 응급실로 오신다. 대학병원 의사 의견을 듣고 보호자들이 마지막으로 연명의료 서식을 작성하고 다시 요양병원으로 가거나 응급실에서 사망한다.

넷플릭스에 'Emergency NYC'라는 시리즈가 있다. 한 에피소드에서 사망 직전 응급 상황에서 의사가 환자나 보호자에게 어떤 역할을 해줄 수 있는지 나온다. 나와는 다른 그들 모습을 보면서 심폐소생술을 끝내고 보호자에게 어떻게 무엇을 설명할지, 눈맞춤은 어떻게 해야 할지, 그리고 심폐소생술에 참여한 간호사, 인턴, 구조사 같은 팀 동료에겐 어떤 말을 전해야 할지 고민하게 된다.

회복력

적응 7.

전공의 시절, 난 3년차 중간까지 24시간 맞교대 근무를 했고 그 이후는 12시간 근무제를 했지만 7일 동안 '나나나나나나나'를 해야 했다. 쉬는 날은 잠자기 바빴고 그나마 회식이 있는 날은 24시간 근무 뒤 몇 시간 자고 저녁에 나가 새벽에 병원으로 돌아와 자고 다시 24시간 근무를 해야만 했다.

아무리 젊은 나이라도 점점 체력이 고갈되었다. 타과 전공의들은 응급의학과는 그래도 오프가 확실하니 좋겠다고 부러워했지만 정작 나는 점점 한계에 다가가고 있었다. 의약분업이 없었다면 난 응급의학과를 1년 차 여름에 그만뒀을지도 모른다. 의약분업으로 인한 파업 기간, 난 오후 1시에 출근해 다음 날 아침까지만 응급실을 지켰고 환자도 많이 줄었다. 타과 교수님들이 환자를 빨리 입원을 시켜주셔서 그만큼 내 삶은 편해졌고 회복된 체력으로 남은 1년 차 기간을 버틸 수 있었다.

체력이 떨어지면 정신력도 떨어진다. 무라카미 하루키가 '링에 오르기는 쉬워도 버티는 것은 어렵다'라고 했다. 처음 응급의학과를 시작한 동기가 아무리 확고해도 링에 올라 잽과 훅, 스트레이트를 계속 맞으며 버티기란 쉽지 않은 일이다. 복부에 훅을 한 방 맞으면 나도 모르게 숨이 안 쉬어지고 밀려오는 visceral pain(간과 같은 장기에서 오는 통증)에 정신을 차릴 수 없다. 버티려면 회복해야 한다. 숨을 깊게 들이쉬고 10까지 카운트할 동안 최대한 긴 시간 쉬었다 일어난다.

회복을 빨리하는 방법이 있다.

내가 하는 역할에 의미를 잃으면 안 된다. 의지로 의미를 찾아라. 미국 NASA에서 일하는 청소부가 언제나 즐겁게 청소하는 모습에 누군가 "어떻게 청소일을 그렇게 흥겹게 할 수 있냐"고 질문하자 청소부는 "저는 지금 단순히 청소를 하는게 아니에요. 저는 인간을 달에 보내는 일을 하고 있어요."라고 대답했다.

작은 성공을 한 자신을 칭찬해라. C 교수처럼 전공의 시절 기관삽관이나 중심정맥관 삽입에 성공할 때마다 크록스 신발에 장신구를 하나씩 사서 달아줘라. 오늘 본인이 한 일 가운데 칭찬 받을 만한 일을 찾아 자신에게 축하를 보내라. 그 일이 무엇이든 자신이 인정하면 칭찬할 만한 일이다.

일기를 적거나 적어도 하루하루 자기 전 그 날을 되새겨보라. 분명 잘한 일이 있다. 정말로 잘한 일이 하나도 없는가? 되새겨 본 일이 잘한 일이다.

근무 시간을 제한하라. 이건 전공의 땐 못 하지만 전문의가 되면 내 시간을 내가 관리할 수 있다.

본인 지식이나 지능에 한계가 있음을 인정해라. 제임스 건 감독 영화에서 슈퍼맨도 싸움에서 진다.

성장을 느낄 수 있는 일에 참여하라. 의학과 관련 없어도 상관없다. 글쓰기, 언어 배우기, 운동, 악기, 뭐든지 시간을 두고 점차 성장하는 취미나 일에 참여해라. 단순한 도파민 분출을 위한 술이나 도박, 만화책 읽기, 유튜브 시청처럼 시간 때우는 거 말고.

본인을 지지해 주는 사람들과 관계를 유지하라. 의사들 특성인지 모르겠지만 매사에 부정적이고 비평하기 좋아하는 사람들이 있다. 그들과 거리를 유지하라. 자신이 논리적이라 생각하고 매사를 따지고 재고 다른 사람을 논리로 이기려는 사람이 있다. 저리로 보내버려라. 수동 공격(Passive aggressive)을 하는 사람이 있다. 자신은 참여하지도 않으면서 남이 하는 일에 감 놔라

배 놔라 한다. 그런 사람과는 SNS 친구 관계도 끊어라. 논리적인 사람들은 자신이 이성적이라 착각한다. 인간은 모두 감성적이다. 감성이 먼저 결정하고 이성이 그 결정을 합리화할 뿐이다. 나에게 필요한 건 정서적 지지다. 정서적 지지에 기반을 둔, 비난이나 비판이 아닌 발전을 위한 비평이 필요하다.

  응급의학과를 하면 출근할 때마다 불안감에 휘둘린다. 오늘은 어떤 환자가 발생할까? 내가 놓치면 어떡하지? 해결 안 되면 어떡하지? 이문세 라디오쇼에서 나온 걱정에 관한 내용이다. 걱정하지 말아라. 평소엔 게을러서 대부분 일을 마감 시간에 맞춰 하는 사람이 걱정은 왜 그렇게 빨리하는가? 걱정은 딱 두 가지 경우만 하면 된다고 한다. 지금 내가 아픈가? 안 아픈가? 안 아프면 걱정할 거 없다. 다 닥치면 해결할 수 있다. 아프면? 고칠 수 있는 병인가 아닌가만 걱정해라. 고칠 수 있으면 뭐가 걱정인가? 고칠 수 없다면? 죽는 병인가 아닌가? 죽는 게 아니라면 걱정 마라. 요즘 약 잘 듣는다. 평생 같이 가면 된다. 죽는 병이라면? 천국에 가는지 지옥에 가는지? 천국에 갈 수 있다면 뭐가 걱정인가? 지옥에 간다면, 지옥에 간다는데 지금 뭘 걱정하는가? 지옥보다 지금이 낫지 않겠나?

나는 지금도 출근할 때마다 차에서 기도한다. 오늘 하루 진료하는 동안 저에게 지혜와 명철을 주시어 순간순간 제가 내리는 판단과 결정, 말과 행동이 환자, 보호자, 의료진, 그리고 119 대원 모두에게 최선이 되게 저를 인도하여 주시옵소서. 아멘.

* 이 글은 'Understanding medical professionalism(Wedny levinson 외 3인 지음, McGrawHill education 출판)에서 발췌한 내용을 포함함.

2단 옆차기

적응 8.

 밤 근무가 거의 끝나가는 새벽 5시쯤이었다. 젊은 여자 환자가 갑자기 배가 아파 응급실로 왔다. 젊은 남자 보호자가 같이 왔는데 검은색 정장 차림에 날렵한 몸매와 매서운 눈을 가지고 있었다. 환자와 보호자 모두 술에 취해 있었다. 진찰하고 피검사를 보내고, 엑스레이 검사와 진통제 처방을 위해 임신 가능성에 관해 물어보았다. 어차피 만취가 되도록 술을 먹었는데 임신 여부를 물어봐야 하나 싶지만, 만에 하나 임신이었는데 엑스레이나 약물 투여했다고 트집 잡을 수도 있으니 모든 가임기 여자 환자에겐 임신 가능성을 확인하였다. 여기서부터 문제였다. 보호자는 지금 자기 애인이 아파하는데 그런 거 물어볼 시간에 빨리 진통제부터 가지고 오라고 슬슬 소리치기 시작하였다. 응급실에서 술 취한 환자나 보호자는 언제 어디서 터질지 모른다. 특히 여자 친구를 데리고 온 남자 보호자는 기사도 정신이 충만해져 항상 위험 인물이다.

환자는 진통제를 맞고 편해졌는지 곧 잠들었다. 복부 CT에서 복강내출혈이 보인다. 난소 물혹이 터진 거 같다. 항생제를 쓰면서 산부인과 당직이 내려오길 기다린다. 아침 6시 50분. 대학병원에서 이 시간은 아침 회진 준비시간이라 제일 바쁜 시간이다. 환자 상태가 정말 응급이 아니라면 타과 당직은 아침 회진 이후 응급실 환자를 본다. 보호자가 소리치기 시작한다. 빨리 입원을 시키든지 퇴원을 시키든지 하라고. 명령이었다. 아마 본인이 너무 힘들어 빨리 집에 가고 싶어서였겠지. 결국 담당 간호사에게 욕을 하고 폭력을 휘두르려는 태도를 보였다. 중간에 끼어들어 말려보았지만, 보호자는 뒤로 밀리지도 않았다. 그리고 내 손에 느껴진 보호자 몸은 근육으로 꽉 찬 돌같이 단단한 몸이었다. 내 멱살이 잡혔다. 당시엔 전공의도 근무할 때 넥타이까지 하고 일하던 시절이라 넥타이가 개 목줄이 되었고, 난 옴짝달싹 도망갈 수 없었다.

혈기 왕성했던 저년차 전공의가 다다다 뛰어와 2단 옆차기를 날렸다. 술에 만취한 보호자도 때릴 수 없는 옆차기는 허공을 가를 뿐이었다. 일은 더 커졌고 보호자는 윗옷을 벗었다. 크게 눈 뜨고 있는 용을 보면서 우리는 일이 크게 잘못되었음을 강하게 느꼈다. "너네들 다 의국으로 들어가!" 당시 펠로우였던 S 선생님께서 소란스러운 소리에 의국에서 나와 현장을 정리하셨다.

다른 날은 대학생이 만취가 되어 왔다. 어디가 아픈지 뭐가 불편한지 말도 안 하고 무조건 진통제를 달라면서 간호사 스테이션에 엎드려 계속 소리만 질렀다. 가까이 다가가 귓속말로 "술주정 좀 그만해라"라고 했더니, 갑자기 돌변하여 내 턱에 주먹을 날리고 발로 배를 찼다.

어느 날, 할아버지가 도착 전 사망한 상태로 응급실로 왔다. 심폐소생술을 했지만 돌아오지 않았다. 뒤늦게 나타난 아들 보호자에게 "사망하셨습니다"라는 말을 꺼내자마자 나를 발로 찼다. 내가 할아버지를 죽였다는 듯이.

응급의학과를 하면 폭언, 폭력, 술 취한 환자 난동은 끝나지 않는다. 물론 진료가 언제나 완벽할 수 없고 100% 만족할 수 없지만, 술 마신 환자 보호자는 대화가 되지 않기 때문에 정말 난감하다. 응급실 경험이 많아지면서 어느 시점에 환자나 보호자가 어떤 걸 원하는지 알게 되었고, 그 시점이 다가오기 1분 전에 먼저 설명하고 응급실에서 기다리는 시간이 사실은 치료를 하고 있는 시간이라고, 수액만 맞더라도 이 또한 치료라고, 시간을 헛되게 보내는 게 아니라고 설명한다.

몸 다치지 않았어도 20년이 지난 지금까지 기억에서 사라지지 않는 그날 무력감, 공포감, 직업에 대한 회의감은 응급의학을 희망하는 후배에게 강력하게 이 길을 같이 가자고 말 못 하는 원인 가운데 하나다. 난 운 좋게도 그런 경험이 적었는지 앞에 적은 세 경우만 기억에 남아 있다. 하지만 대부분 응급의학과 의사들은 더 심한 일을 당했고 지금도 당하고 있다. 방검조끼와 안전 헬멧을 쓰고 일할 순 없지 않은가? 멱살 잡혔을 때 빠져나오는 법과 같은 기초 호신술을 전공의에게 가르치는 P 교수님은 나름 해결책을 제시하시는 걸까?

미국 메릴랜드 주립대학 외상센터를 견학할 때 봤던 권총을 차고 있는 경찰이 응급실에 상주하고 있는 모습, 그리고 응급실에서 난리를 피우던 환자를 바로 제압해버리는 모습과 우리나라 응급실에서 일하는 안전요원이 충분히 환자를 제압할 수 있음에도 그러지 못하는 현실과 경찰이 출동해도 큰소리치고 난리 치는 우리나라 응급실 모습은 무엇 때문에 다를까?

도전

Act now!

도전 1

의과대학 본과 1학년 학생을 대상으로 진행하는 doctoring practicum(DP)라는 수업이 있다. 의사 연습으로 번역할 수 있겠는데, 문진과 신체 진찰을 가르친다. 수업 초반부엔 처음 본과에 올라온 학생들이 배우는 기초 의학과 임상 의학이 어떻게 연결되고, 실제 임상 의사는 최전선에서 어떤 일을 하는지 소개하는 강의를 배치하였다. 심장내과 A 교수님은 혈관에 카테터(catheter)를 넣고 조영제를 주입해 관상동맥 막힌 부위를 뚫는 치료의 시작 배경을 말해준다. 1929년 베르너 포르스만(Werner Forssmann)이라는 외과 전공의가 처음으로 자신 왼팔 정맥에 카테터를 넣고 직접 엑스레이를 찍어 이 치료 첫 단계를 증명했다. 메이슨 손즈(Mason Sones)

는 카테터가 우연히 우측 심장 관상동맥에 들어간 걸 발견하였고 Charles Teodore Dotter는 혈관 촬영을 할 수 있게 되었고 Melvin Paul Judkins은 catheter tip 모양을 다양하게 만들어 어떤 혈관 모양이라도 진입할 수 있게 하였다. Adreas R. Gruentzig은 드디어 1977년 처음 관상동맥에 balloon을 하여 좁아진 관상동맥을 넓혔다. 물론 이 이후로도 심장내과 술기는 여러 가지 면에서 비약적 발전을 이루었지만 Dr. Gruentzig과 같이 완전 새로운 시도는 아직 없다. 2008년 JACC intervention journal은 Dr. Gruentzig이 보고한 처음 증례에 대해 '의학계를 놀라게 했지만, 아무도 심장 질환 치료에 있어 그것이 가져올 비범한 발전을 예상하지 못했다'라고 평가하였다.

피터 사파(Peter Safar)는 Father of modern CPR로 불리는 마취과 의사다. 1924년 비엔나에서 태어나 미국에서 의사 생활을 하였다. 그가

1950년대에서 60년대까지 기도 확보와 심폐소생술 방법을 개발한 과정은 놀라울 뿐이다. 그는 환자가 의식이 없을 때 기도를 확보하는 가장 간단하고 효과적인 방법을 찾아냈는데 바로 head tilt-chin lift이다. 그리고 심정지 환자와 호흡정지 환자에게 인공호흡을 적용했는데, 그 효과를 입증하려고 실제 건강한 사람에게 진정제와 근이완제를 투여하여 자발적 호흡을 불가능하게 만들고 expired air ventilation을 시도하였다. 즉 구조자가 내쉬는 숨으로 환자가 필요한 산소를 공급받을 수 있는지 확인한 실험인데 이는 우리가 들이쉬는 공기는 산소가 20% 정도 들어 있고 내쉬는 숨에는 17% 정도 들어있기 때문에 가능했다. '윤리 문제가 있지만 큰 도전이었다'라고 평가받는다.

프랭크 팬트리지(Frank Pantrige)는 1916년 북아일랜드 출신 심장 전문의이다. 이동식 집중 치료실 아버지라 불리는 분으로 1965년 세계 최초로 휴대용 제세동기를 개발하였다. 이후 벨파스트 이동형 관상동맥 치료팀을 설립하는 등 현대 응급의료시스템 기초를 확립하였다. 이반 매길(Ivan Magill)은 1888년 아일랜드에서 태어난 마취과 의사로 1919년 유연한 기관 내 삽관 튜브를 발명하였다.

의과대학 수업을 들으면 교수님들이 어떤 질병에 대한 진단 방법이나 치료를 처음 시도한 선배 의사들 얘기를 들려주곤 한다. 그러나 이상하게도 내가 의대에 들어오고 지금까지 32년이 지나가고 있는데, 뭔가 치료 방법을 획기적으로 바꿨다는 소식을 들은 적은 없었다.

응급의학과는 더욱더 어렵다고 생각했다. 환자 상태도 그렇고 환자 의사 관계를 맺기도 힘든 상황 때문에 뭔가 새로운 도전을 한다는 것은 내 일이 아니라 생각했다. 하지만 그건 도전하지 않는 내 변명일 뿐이었다. 원주 세브란스병원 응급의학과에 H 교수님이 계신다. 믿기지 않겠지만 1990년 이전엔 우리나라에서 병원 밖 심정지가 발생하여 응급실에 도착한 경우 심폐소생술을 거의 하지 않았다고 한다. 이에 의문점을 가졌던 H 교수님은 처음 교수가 되신 이후부터 병원 밖 심정지 환자에게 심폐소생술을 즉시 시작하였다. 물론 처음부터 환자가 다 살아나고 그런 건 아니었지만, 몇몇 환자가 좋은 예후로 퇴원하게 되었고 이를 학회에 보고함으로 다른 응급실에서도 활발하게 심폐소생술을 시행하는 계기를 만들었다. 1992년부터는 심폐소생술을 하면서 경식도 초음파 검사를 동시에 진행하는 시도를 하였다. 이는 그 당시 권고되던 흉부 압박 위치가 실제로 좌심실을 효과적으로 압박하지 못하고 있음을 발견하고 흉부 압박 위치를 조금 아래쪽으로 이동하라는 새로운 권고에 기초를 제공하였다. 그 이후 자동심폐소생술기를 개발하여 상용화에 성공했고 소생 의학회를 만들어 심폐소생술과 그 이후 치료에 관한 연구도 확대하였다. 대한심폐소생협회도 창립하여 일반인에게도 심폐소생술 전파를 하였고 대국민 홍보와 심정지 예방 교육까지 활발한 활동을 하였다.

핸드폰엔 파노라마 촬영 기능이 들어있다. 광활한 풍경을 찍고 싶을 때 좌우로 길게 사진을 연속적으로 움직이면서 촬영하면 일반 사진보다 훨씬 넓게 찍을 수 있다. 그런데 이 기능을 세로 방향으로 이용하면 그냥 세로로 찍는 사진보다 훨씬 멋진 사진을 찍을 수 있다. 예를 들어 에펠탑과 나를 찍을 때 그냥 세로로 찍으면 에펠탑 왼쪽 끝까지 찍기 위해선 한참 멀리서 찍어야만 한다. 그러다 보면 난 작게 나온다. 파노라마 기능을 세로로 움직이면 나도 잘 나오고 에펠탑도 잘 나온다.

모두가 위대한 일을 할 수는 없다. 그러나 누구나 도전은 할 수 있다. 도전은 작은 일부터 시작하면 된다. 미군 장군이 미육군사관학교 졸업

식 연설에서, 위대한 군인은 아침 이부자리를 정리하는 일부터 시작된다고 하였다.

'Resuscitation Greats'라는 의학저널 시리즈가 있다. 앞에 나온 피터 사파 등 이야기가 정리되어 있는데, 이들에 대한 평가를 '이는 단순한 의학사가 아닌 너무 젊어서 죽기에는 아까운 생명을 구하기 위한 인류 노력이다'라고 하였다. 궁금하면 한 번 읽어보시길.

Fail fast,
Learn fast.

도전 2.

 2년 차 전공의 때, 갑상선 기능 항진증 환자가 고열, 빈맥, 불안, 과도한 발한, 떨림 등 증상으로 응급실로 왔다. 당시엔 갑상선 기능 피검사도 다음 날 나왔기 때문에 thyroid storm을 진단할 수는 없었다. 단지 임상 양상을 가지고 의심해야 하는 상황이다. 빨리 치료하지 않으면 환자가 위험해진다. 군대에서 제대하고 병원에 들어온 지 얼마 되지 않은 응급의학과 펠로우 Y는 이름이 천재인데, 이름처럼 가끔 '천재' 같을 때가 있었다. 응급실을 지나가다 이 환자를 보고는 바로 약을 써야지 하면서 나에게 항갑상선제와 베타 차단제 투여를 하라고 하였다. 난 그때까지 단 한 번도 그런 약을 직접 처방한 적이 없었다. "이 환자가 갑상선 기능 항진증 과거력이 있었다고 무조건 thyroid strom은 아니지 않나요? 패혈증일 수도 있는데, 베타 차단제를 줬다 혈압이 더 떨어지면 어쩌죠?" 등 온갖 이유를 대며 처방을 직접 내지 않으려 도망 다녔다. 결국 나는 내분비내과에 빨리 연락하는 '최선'을 다했고, 내분비내과 의사는 바로 항갑상선제와 베타 차단제를 투여하였다.

나는 베타 차단제 투여가 낯설고 두려웠다. 왜냐하면 전공의 때 베타 차단제를 내가 직접 처방 내 본 적이 없었기 때문이다. 당시 심장내과 부정맥 전문 교수님 한 분은 '모든 부정맥 환자가 응급실로 오면 바로 심장내과로 연락해라, 어떤 증상이든지 다 심장내과에서 보겠다'라고 엄명을 내리셨고 그러다 보니 나는 직접 환자를 진료하기보다는 심장내과에 빨리 연락하게 되었다. 베타 차단제도 그렇고 칼슘 차단제도 마찬가지로 부정맥 파트에서 많이 쓰는 약이다. 이렇게 이 약들과 인연이 멀어지면서 뭔가 내가 만

나면 안 되는 여인같이 느껴졌다.

3년 차 전공의 때, 의식 저하와 쇼크 상태인 환자가 응급실로 왔다. 피검사와 머리 CT엔 큰 이상은 없다. 이전 약물 중독 과거력이 있어 보호자에게 집 쓰레기통을 살펴봐 달라고 했더니, 약물 빈 껍질이 다량으로 있다고 한다. 조회해 보니 베타 차단제와 칼슘 차단제다. 약물 중독은 응급의학과 전문 분야다. ABC에 맞춰 기관 삽관과 인공호흡기 적용, 수액 공급, 승압제 투여, 그리고 중독 약물에 따른 글루카곤과 칼슘 투여. 환자는 2일간 중환자실에 있다 완쾌하여 퇴원하였다.

베타 차단제 투여는 두렵고 베타 차단제 중독은 치료한다? 뭔가 이상하지 않은가? 베타 차단제 1회 투여도 못 하는 내가 몇십 알 먹고 온 환자는 잘 치료한다는 것이? 익숙함이 문제인가? 두려움이 문제인가?

전공의 4년 차 때, 병원 밖 심정지 환자 심폐

소생술 뒤 저산소성 뇌손상으로 중환자실에서 기관절개술을 했다. 당시엔 응급의학과 환자 기관절개술은 우리가 했다. 보통 4년 차가 집도하고 저연차가 보조를 선다. 나도 저연차 때 몇 차례 보조를 했다. 기관절개술은 날짜가 잡히면 일단 공부를 하고 토픽 발표를 하고 시행한다. 피부 절개를 하고 근육을 벌리고 기관이 노출되면 메스로 기관 연골을 조금 자르고 벌려 호흡관을 넣는다. 피 나는 곳을 지혈하고 거즈로 압박하면 끝.

공보의 끝난 뒤 펠로우로 강남세브란스에서 일할 때 기관절개술을 해야 하는 날, 후배 전공의들은 해본 적이 없다고 하여 내가 다시 들어가게 되었다. 4년 만에 해보는 기관절개술. 뭔가 근육 사이를 비집고 빨간 꽈리 같은 것이 튀어나왔다. 뭐지? 제거해야 더 깊게 들어갈 수 있는데, 뭔지 정확히 모르겠다. 어쩌지? 당연히 같이 보조하고 있는 전공의는 아무것도 모른다. 한참을 고민하다(실제 시간은 몇 분이었지만 난 몇 시간처럼 느껴졌다) 이비인후과 펠로우 친구를 불렀다. 친구는 보자마자 별거 아니라고, 근막 사이로 튀어나온 근육인데, 근막이 아주 좁게 잘려서 근육이 이상하게 보였던 거라고 하면서 과감하게 근육을 좌우로 벌려버렸다. 이렇게 응급의학과 기관절개술은 명맥이 끊겼다. 이후론 모두 이비인후과에 협진을 내서 기관절개술을 시행하였다.

해운대백병원에서 일할 때 10일간 미국 메릴랜드 주립대학 병원에 있는 아담 카울리 쇼크 트라우마 센터에 병원 외과 계열 교수님들과 같이 견학을 다녀왔다. 하루는 20대 남자가 가슴 부위에 칼을 찔린 뒤 심정지 상태로 헬기를 타고 왔다. 오기 전부터 연락을 받은 의료진은 응급실 침상 근처에 조그만 탁자를 준비하고 몇 가지 간단한 수술 도구를 준비하고 기다리고 있었다. 환자가 도착하자 평소 엄청 건방져 보였던 외과 전공의가 집도의가 되어 가슴을 열고 심장을 직접 손으로 압박하면서 심장 열상을 봉합하자 자가순환회복이 되었다. 바로 그 상태로 응급실 옆 수술실로 들어갔다. 정말 짧지만 놀라운 순간이었다. 그 병원 전문의들이 서 있는데도 전공의가 그런 수술을 하게 한다는 점, 그리고 그 수술을 성공시켰다는 점, 무엇보다 외상으로 심폐소생술을 하며 응급실로 들어온 환자가 바로 수술실로 들어가 수술을 받는다는 점이 가장 놀라웠다. 내가 한국에서 봤던 외상 환자는 활력 징후가 불안정해서 수술을 못 받거나 활력 징후가 안정적이어서 수술을 안 하고 지켜보다 나빠졌었다. 그런 수련을 받았던 전공의가 전문의가 되어가는 지금, 세브란스에서 외상 환자를 바로 수술방으로 데리고 들어가는 의사는 없다. 아마 앞으로도 없을 것이다.

두려움은 뭔가 새로운 일이 발생하지 않게 하지만 해야 할 일을 하게 하진 않는다.

응급의학과 의사를 정의하는 건 우리가 하는 일이 아니라 우리가 하지 못하는 일이다. 전공의 때 하지 않으면 전문의 때 시작하긴 더 힘들다. 실리콘 밸리에서 자주 쓰는 말이 있다.

Fail fast, Learn fast.

Y가 항상 하는 말이 있었다.

"야 전공의는 저질러, 뒷수습은 내가 할게"

Blaze a trail

도전 3.

응급의학과 전공의를 끝내고 응급의학과 교수로 있으면서 항상 궁금한 점은, '이 길이 내 길인가? 이 길밖에는 없는가? 다른 길은 뭐가 있을까?'다. 이미 벌써 25년 넘게 응급실 근무를 하고 있는데도 이런 생각을 하는 내가 문제인지, 응급의학과 특성인지 궁금해서, 해답을 찾아보고자 응급의학과 수련을 하고 현재는 다른 일을 하는 사람들과 얘기를 해보았다.

입원의학과 K 교수.

K 교수는 응급의학과 수련을 끝내고 대학병원 응급실에서 20년 가까이 일을 하다 약 5년 전 입원의학과로 소속을 옮겼다. 당시 본인은 번아웃을 느꼈다고 하는데, 진료 외적인 부분에서

오는 스트레스가 컸다고 한다.

예를 들어 응급실로 오는 경중 환자는 2차 병원으로 보내야만 하는 대학병원 응급실 의사 역할이라던지 타과 전공의들과 진료를 같이 해 나갈 때 응급의학과 의사를 무시하는 듯한 그들 태도, 뭔가 자신이 성장하고 있다는 느낌을 받지 못하고 차분히 앉아서 공부하고 고민할 시간이 부족한 데서 오는 회의감에서 응급의학과 말고 새로운 길을 찾고 싶었다고 한다.

부산 출신인 그는 자존감도 높고 책임감도 강한 사람이었다. 불같은 성질이 단점이라면 단점일 수 있었다. 입원의학과로 가서도 마찬가지로 스트레스는 존재하지만, 그 양과 질이 다르다고 한다. 입원의학과는 응급실 근무와 비교하면 자기 일 순서를 자기가 결정할 수 있고 환자 로딩이 한 번에 몰리지 않기 때문에 긴장감이 극에서 극으로 변하진 않는다고 한다. 스트레스 총량은 비슷하나 분포를 일정하게 한다는 특성 때문에 적응하기가 쉽다고 한다.

입원의학과로 시작할 때는 다시 전공의로 돌아간 느낌이었다고 한다. 진료 과정이 응급실과는 사뭇 다른데, 예를 들면 항생제 투여에 관하여 언제 증량 혹은 변경할지, 끊을 때는 어떻게 할지 등은 응급의학과 하면서 고민해보지 못한 부분이라 처음부터 다시 공부해야 했다. 특히 우리가 쉽게 말하는 보존적 치료(수액 공급, I/O 결정, 영양 공급 등)가 제일 어려웠다고 한다.

응급의학과 지식과 경험이 입원의학과 진료에 도움이 되는지 물어보니 당연히 입원 환자에게 응급 상황이 발생했을 때 큰 도움이 된다고 한다. 특히 각종 시술과 초음파 사용은 CT나 MRI 같은 검사가 응급실처럼 빨리 되지 않는 상황에서 유용하고, 병실에 입원한 환자라도 진단이 덜 되어 있거나 새로운 병이 발생했을 때 진단을 찾아가는 과정을 능숙하게 할 수 있다고 한다.

입원의학과 의사도 아직은 전문가로서 존중을 받는 느낌이 강하지 않다고 하지만, 이건 입원의학과 초기라 그럴 수도 있다고 생각하고, 무엇보다 지식 확장에서 오는 만족감이 좋다고 한다. 자신이 성장하는 느낌도 있고 타과 의사들과 협진을 하면서 배우게 되는데, 입원 환자는 응급실 환자와 다르게 타과 의사들도 점잖게 대하며 서로를 존중한다고 한다. 업무량도 입원 환자를 15명에서 20명까지 보고 있어서 적당하다고 느낀다고 한다.

두 과를 직접 비교하여 뭐가 더 낫다고는 할 수 없다고 한다. 응급의학과 때는 문제 해결사였다면 지금 입원의학과는 치료 관리자라는 새로운 역할로 바뀌었기 때문에 각각 장단이 있고 그것이 개인에게 얼마나 맞는지가 중요하다고 한다. 그리고 향후 얼마나 응급의학과 의사 역할을 더 할 수 있을지 불안했는데, 입원의학과에서 그런 걱정이 많이 줄었다고 한다.

Burn doctor Y.

맞다. Y는 앞에 나왔던 그다. Y는 애석하게도 펠로우를 끝내지 못하고 병원을 떠났다. 정확한 이유는 알지 모르지만 가정 경제가 어려워서였다는 소문이 있었다. Y는 베스티안 병원으로 옮겼는데, 이 병원은 화상 환자 진료가 전문이었다. Y에게 왜 화상이었냐고 물었더니, 뭔가 새로운 걸 하고 싶었다고 했다. Y는 판단이 빠르고 정확했다. 응급실에서 환자 보는 의사가 진짜 의사라는 생각으로 응급의학과를 시작했고 성격에도 잘 맞았기 때문에 계속 응급실 의사로 살아갈까 고민도 했지만 새로운 분야에 대한 도전을 선택했다고 한다. 그리고 응급의학과를 하면서 치료를 끝까지 보지 못했던 아쉬움, 전문가로서 인정받지 못하는 당시 분위기에서 완결을 볼 수 있고 전문가로 인정받는 새로운 분야, 그게 화상이었다. 더군다나 중증 화상 환자 치료는 초기 응급처치와 중환자실 치료가 중요한데 응급의학과에선 초기 응급처치와 중환자 치료를 했으니 다른 새로운 분야보다는 상대적으로 더 배워야 할 부분이 적어 보였다고 한다. 더 배워야 하는 부분은 수술로 외과 전문의인 그 병원 원장에게 배울 수 있었다. 화상 환자 치료는 피부 이식까지는 할 수 있어야 치료 완결을 할 수 있다고 한다.

화상 환자는 한 번 입원하면 꽤 긴 시간 입원 치료를 하기에 환자나 보호자를 만나는 시간이 상당하다고 한다. 의사 환자 관계가 좋고 치료가 잘되면 다행이지만 반대인 경우는 도망갈 곳이 없다. 화내고 진상인 보호자를 내일 또 봐야 한다. 근무 시간이 정해져 있지만 365일 24시간 중환자실 연락을 받아야 하고 필요하면 언제든지 병원에 다시 나가야 한다. 후배에게 화상 전문의 길을 추천하냐는 질문에, "글쎄 그거야 본인들이 결정해야지, 몸만 힘든 게 아니니까"라고 대답한다. 입원 환자를 보는 의사와 그렇지 않은 의사, Y는 의사를 이렇게 나눈다. 가끔 환자나 보호자로부터 진심 어린 감사 편지를 받을 때가 있는데, 그 보람은 비할 데가 없다고 한다.

직업 군의관 L.

L은 의과대학 때 군 장학금을 받았다. 그래서 응급의학과 전문의가 된 뒤 7년 동안 군대에서 군의관 역할을 수행했다. 화천 병원, 수도병원, 이라크 파병, 다시 대구 병원. L이 말하는 군 의료 시스템에서 응급의학과 의사 필요성을 보여주는 예는 화천 병원에 있을 때 일이다. 젊은 사병이 고열과 의식 저하로 내원했는데, 병원엔 L 환자만 있었다. L은 각종 검사와 척수 천자까지 해서 뇌염을 진단했고 기관삽관, 중심정맥관 삽입 등 응급처치를 하면서 수도병원으로 수송까지 담당하였다. L은 이날 밤 혼자서 내과, 신경과, 마취과 군의관 역할을 했다. 다른 예는 행군 훈련 중 쓰러진 사병을 현장에서 응급처치하

는 과정에서 정형외과 군의관이 내뱉은 말이다. "모두 응급의학과 선생님 말대로 해!" 사병이 쓰러지니까 현장에 있던 여러 과 군의관이 모였지만 다들 당황해서 뭘 먼저 어떻게 해야 할지 몰라 서로 눈치만 보고 있었다고 한다.

L은 군대에서 제일 많이 필요한 의사가 응급의학과 의사라고 말한다. 하지만 군대라는 조직이 너무나 폐쇄적이고 비효율적인 면이 있어 의사로서 오래 있을 수는 없었다고 한다. 그래서 7년 의무복무기간 뒤 제대를 선택했다. 그때 계속 군에 남아 있었으면 지금은 대령 혹은 별이 되었을 수도. L은 지금까지 내가 본 의사 가운데 가장 성실하고 부지런한 사람이었다.

개원의 K 원장.

K는 3년 전 개원하였다. 반복되는 야간 근무에서 벗어나고 경제적 자유를 위해서였다. 경제적 자유를 얻었냐는 질문에 이제 겨우 안정되었

지 작년까지도 너무 기복이 컸다고 하면서 개원한다고 다 돈을 벌지 못한다고 한다. 지금은 응급의학과 봉직의 월급이 많이 올라 그 정도보다 조금 더 버는 정도라고 엄살을 부린다. 응급의학과 의사가 개원하면 어떤 장점이 있느냐는 질문에 무엇보다 응급실에서 정말 다양한 환자와 보호자를 만났던 경험이 큰 재산이라고 한다. 타과는 어느 정도 비슷한 결을 가진 환자와 보호자를 경험하는데, 본인은 응급실에서 어린아이부터 노인까지, 노숙자부터 부자까지, 정신과 환자부터 의식 없는 환자까지 정말 다양한 환자를 봤는데, 그게 지금 개원해서 환자를 볼 때 어떤 분이 와도 대응할 수 있다는 자신감을 가지고 실제 잘 응대하고 있다고 한다. 더군다나 응급실에서 환자를 볼 때는 마치 수학 정석 문제를 촉박한 시간 안에 풀어야 했다면, 지금은 초등학교 산수 문제를 여유로운 시간 안에 푸는 느낌이라고 한다. 처음엔 "원장님이 내과 의사가 아니네요"라던 환자들도 응급의학과 의사이기 때문에 거의 모든 문제를 해결해줄 수 있어 다시 자주 오게 된다고 한다. K는 요즘 유행하는 E형 성격으로 붙임성이 최고다. 하지만 본인은 개원의 생활하면서 삶이 재미없어졌다고 한다. 응급실에서 일할 땐 팀 동료가 있고 희로애락이 있었다면, 개원의 삶은 친구 없이 오롯이 혼자 20년 30년 병원을 지키는 거라고, 더군다나 환자가 줄면 직원 월급 등 비용 압박이 큰 스트레스로 찾아오고 재정이 어느 정도 안정된 이후부터는 직원 관리가 힘들어진다고 한다. 그만두고 다시 들어오고 갈등 조정하는 일들이 생각보다 많다고 한다. 그러다 보면 환자를 돈으로 보게 되지 않냐는 질문에 그렇게 환자를 대하기 시작하면 금방 소문나고 환자 발길이 끊긴다고 한다.

"환자가 바보는 아니잖아요. 다 알아요. 그리고 수입이 많다고 하지만 근무 시간 대비로 하면 봉직의랑 거의 비슷해요. 밤 근무가 없다는 장점 말고는."

K는 "개원은 정말 성격이 맞아야 하고 앞에 말한 스트레스 요인을 잘 견디는 사람이 해야 한다"고 하면서 자신은 아닌 거 같다고 헛웃음을 짓는다.

Deviation

도전 4.

24년 여름, 일본 다카마쓰로 가족 여행을 다녀왔다. 특히 다카마쓰 근처 고토히라 지역에서 1박을 하였는데, 호텔식 료칸에서 하루 종일 쉬면서 온천욕 하고 맛있는 가이세키 저녁을 먹으니 정말 말 그대로 힐링 되는 여행이었다. 고토히라에서 다카마쓰까지는 고토덴이라 불리는 완행열차를 타고 약 1시간 정도 이동한다. 이런 일본 완행열차도 처음 타봤는데, 한국과는 달리 맨 앞칸에 앉으면 창문을 통해 기관사가 보는 앞쪽 창문을 탑승객도 볼 수 있었다. 고토히라 1박을 하고 다카마쓰로 가는 기차가 출발할 때, 기관사 창문으로 보이는 철도가 완만한 곡선을 오른쪽으로 그리며 앞에 놓여 있었다. 기차는 곧 그 완만한 곡선을 그대로 따라 앞으로 나아

갔다.

문득, 50년 내 인생도 이 기차와 같이 철도가 놓인 그 길 그대로 따라왔다는 생각이 들었다. 어느 정도 공부를 하니 이과를 선택했고, 어느 정도 공부를 하니 의대에 올 수 있었다. 고등학교 생활기록부에 장래 희망이 '의사', '교수' 이렇게 적혀 있는 걸 나중에 보고 얼마나 웃었는지 모른다. 의대에 들어와서도 중간 정도 공부를 했고, 응급의학과를 선택했다. 공보의를 다녀오고 펠로우를 하고 해운대백병원에서 교수 생활을 시작, 미국 연수 생활 이후 세브란스로 옮겨 지금까지 이어왔다. 그냥 전형적인 의대 교수가 걸어온 길이다.

처음 내 인생에 대한 의문이 들었다. 너무 정해진 길로만 왔구나. 앞으로도 정해진 길로만 가겠구나. 딸과 아들이 대학에 들어가고, 직업을 구하고 결혼하고 손자 손녀가 생기고, 늙어가다 병에 걸려 아내와 이별하고. 이대로 좋은가?

지금 내 앞에는 새로운 길이 하나 보인다. 탈선해야 한다. 경제적으로도 나빠지고 그동안 응급의학과 의사로서 살아온 삶이 마무리된다.

세상에 옳은 선택은 없다고 한다. 선택했으면 그 선택이 옳은 선택이 되게 하는 노력만이 있을 뿐이다. 미래는 예측할 수 없다. 미래는 만들어가야 한다.

$P < 0.05$

연구 1.

당신의 시계는 지금 몇 시입니까? 가 내가 처음 쓴 논문 제목이다. 응급의학과 전공의는 수련 기간 동안 논문을 1편 써야만 전문의 시험을 볼 수 있다. 24시간 근무제에서 따로 시간을 내어 논문을 쓰는 일은 쉬운 일이 아니었다. 일단 연구 주제나 가설을 정하는 일이 가장 힘들다. 새로운 질문을 만들어야 하는데, 뭔가 기발했던 아이디어는 찾아보면 이미 누군가 논문으로 발표한 내용이다. 한두 달 주제 찾느라 시간을 보내다 결국은 포기하게 된다.

다음 작전으로 넘어간다. 누군가 발표한 논문을 닥치는 대로 읽는다. 논문에 보면 그 연구가 가지고 있는 제한점을 적어 놓는다. 혹은 향후 어떻게 이 연구 주제를 발전시켜야 한다는 내용이 있다. 그걸 찾아 읽으면서 내가 할 수 있을 만한 주제를 고민한다. 예를 들면 이번 연구는 대상자가 너무 적었다든지 한 군데 병원에서만 했다든지 제한점이 적혀 있으면 대상자를 늘려서 해볼까? 연구 기간을 늘려볼까? 심지어 타과 논문을 읽고 같은 주제이지만 '응급실 환자를 대상으로 한번 다시 해볼까?'라는 기술을 부려본다. 하지만 곧 깨닫게 된다. 그렇게 쉽게 극복 할 수 있는 제한점이라면 그 연구자가 안 하고 논문을 발표했을 이유가 없다는 점을. 또 이렇게 한두 달 보낸다.

답답한 마음에 교수님을 찾아가 본다. 매일 보는 환자나 환경에서 당연하게 여기는 일들을 곰곰이 거꾸로 깊게 고민하면 쓰고 싶은 주제가 나타날 거야. 독수리 눈으로 환자와 응급실을 살피면서 근무해 본다. 왜 째려보냐는 불평만 듣는다. 또 한두 달.

어느 날 경찰이 찾아왔다. 몇 달 전 응급실에

서 사망한 환자 유가족 사건 때문에 왔다고 한다. 의무 기록을 살펴보다 이상한 점이 있단다. 왜 환자 응급실 도착 시간과 심폐소생술 시작 시간이 3분 정도 차이가 있냐고. 특히 심폐소생술 시간이 응급실 도착 시간보다 먼저라고. 어떻게 이럴 수 있냐고. 그리고 심폐소생술 기록지에 쓰여 있는 제세동 시간, 에피네프린 투여 시간이 의사 기록과 다르고, 제세동 기계에서 출력된 심전도 그래프에 기록된 시간과도 다르다며 의무 기록 조작이 의심된다고 한다. 응급의학과 의사라면 당연히 이해할 수 있는 내용이지만 법 영역으로 들어가니 문제가 된다.

응급실 모든 시계, 의료 장비에 내장된 시계, 의료진 시계와 컴퓨터 시계를 조사하였다. 모두 시간이 달랐다. 문헌 조사를 하고 해결책을 찾고 시간이 틀렸을 때 발생할 수 있는 문제점들을 적었다.

교수님께서는 "이건 논문이 아니야. 그냥 기

사 같은 리포트지. 논문은 가설을 증명하는 과정이야." 말씀하셨다. 가설이라. 의료진 시계는 매일 보기 때문에 시간이 틀리면 수정을 하지만 병원에 있는 기계들은 누가 따로 시계 관리를 하지 않으니 오차가 많다. 그럼 그 가설은 어떻게 증명할 거야? 통계 방법을 써야겠죠? 어떤 통계 방법? 그것은 제가 아직….

의학 통계 입문이라는 책을 사서 공부를 한다. 비슷한 주제와 비슷한 데이터를 구성한 논문을 찾아본다. 두 군을 나누어야겠구나. 시간이니까 연속 변수고, 데이터 수에 따라 모수 비교, 비모수 비교 방법을 선택하는구나. 통계는 엑셀에서도 할 수는 있지만 SPSS나 SAS라는 통계 전문 프로그램을 사용하면 되는구나. 컴퓨터 프로그램 사용법도 또 책 한 권. 또 한두 달.

5개 응급의료센터의 의사, 간호사, 소방관, 구급대원, 응급실 벽시계, 진료 지시 통신 시스템(OCS) 컴퓨터, 제세동기, 심전도 기계, 환자 모니

터링 장치의 시계를 조사하고 의료진 시계와 나머지 시계로 군을 나누어 비교한다. P값이 0.05보다 작다.

논문을 작성한다. 참고 문헌 가운데 비슷한 형식 논문을 따라 하면서 완성한다. 토론이 제일 적기 힘들다. 누구랑 토론하지도 않는데. 교수님을 찾아간다. 토론이 어렵습니다. 약 1시간 정도 왜 이 문제에 관심을 가지게 되었는지, 결과는 어떻게 해석했는지, 왜 그런 결과가 나왔는지, 기존 논문에서는 어땠는지, 그 논문들 제한점은 뭐였는지, 이 결과가 실제 우리 의료에 어떤 의미가 있는지, 더 생각해볼 문제는 없는지 등을 물어보셨고 난 당연히 대답을 못 했다.

논문을 완성하였다. 교수님께 보내드렸더니 원고가 빨갛게 변해서 다시 돌아왔다. 맞춤법부터 띄어쓰기 틀린 곳이 너무 많았고 비문도 많았다. 같은 내용이지만 좀 더 학술 논문다운 단어와 표현법으로 수정되었다. 마지막 교수님 첨

언. 논문 투고 규정을 다시 잘 읽고 그거에 맞춰서 투고해.

학회지 투고 규정은 정말 세세한 부분까지 다 지정해 놓았다. 논문 전체 구성과 글자 크기, 줄 간격 등부터 어깨번호 붙이는 법, 참고 문헌 다는 법, 띄어쓰기, 단위 적는 법 등등. 요즘이야 인공지능 프로그램으로 한 번에 다 해주지만 그땐 다 내가 직접 확인해야 했다. 결국 1년이 걸렸다. 처음 시작부터 논문 게재 승인까지. 지금 읽어보면 논문도 아닌 논문인데, 그땐 그게 그렇게 어려웠다.

한 가지만 더.

P값 0.05는 왜 0.05일까라는 생각을 해 본 적 있는가? 연구하고 논문을 쓰다 보면 가설을 세우고 가설을 기각하기 위해선 P값이 0.05보다 작아야 한다. 데이터를 정리하고 통계를 돌려 P값이 0.05보다 작으면 그렇게 기쁠 수가 없다. 0.051은 안 된다. 0.049는 된다. 왜?

구글에서 P값 0.05가 언제 왜 어떻게 결정되

었는지 검색하면 아래와 같이 나온다.

> 로널드 피셔 경이 1920년대에 p값 0.05를 임의적이지만 편리한 임계값으로 처음 제시했습니다. 피셔는 자신의 연구에서 결과가 우연에 의한 것일 가능성이 낮은지 판단하는 데 적합한 "관례적 기준"으로 0.05(또는 20분의 1)를 제시했습니다.

임의적, 편리한, 관례적 기준.

로널드 피셔 경이 얼마나 훌륭한 분이셨는지는 잘 모르겠으나 우리는 그분이 제시한 임의적이고 관례적인 기준에 따라 이 세상을 가르고 있다. 구글에서도 말하듯 현재 과학 연구에서 폭넓게 기준으로 받아들여지고 있으나 논란이라는 점은 잘 모르고 있다. 그렇다면 이런 기준값으로 갈린 우리 연구는 의미가 있는 것인가? 과학적이고 논리적인 논문이 임의적이고 편리한 관례적 기준으로 정당하게 구별될 수 있는가?

적의를 보이는 것들

연구 2.

 논문을 쓰려면 적어도 두 가지 공부를 더 해야 한다. 하나는 통계, 다른 하나는 글쓰기.

 펠로우 때 공대에서 방학 특강으로 진행하는 10주짜리 교육 과정에 다녔다. 통계 기본 개념과 SPSS 사용법을 배울 수 있었다. 요즘은 의과대학에서도 의학 통계에 관해 수업을 듣고 통계 프로그램도 SPSS를 넘어 R이나 파이선까지 사용할 수 있게 과목을 개설한다고 한다. 10주 과정을 통해 세상 어떤 데이터도 다 논문으로 쓸 수 있다는 근거 없는 자신감만 높아졌다.

 정성필 교수님께서 무심히 책 한 권을 주셨다. 근거중심의학. Evidence based medicine을 번역하셨다. 논문을 쓰고 읽는 행위가 왜 의료에서 중요한지 설명한 책이다. 의사가 기분 내

키는 대로 혹은 자신 경험 안에서 의사 결정을 해선 안 된다. 적절한 방법으로 모은 의학 데이터를 적절한 방법으로 검증한 결과를 임상 현장에서 잘 적용해야 한다. 데이터를 모으고 검증하는 과정이 논문 작성 과정이다. 적용하는 과정은 또 다른 행위다.

의학 논문 쓰기, 과학 글쓰기, 움베르트 에코의 논문 잘 쓰는 방법, 우리글 바로 쓰기(이오덕), 내 문장이 그렇게 이상한가요?(김정선) 등 책을 읽으면서 글쓰기를 배웠다. 하지만 글쓰기는 실제로 글을 써보지 않으면 늘지 않는다. 이론만으론 글이 만들어지지 않는다. 당시 같이 펠로우를 하고 있던 최영환 선생님과 글쓰기 연습을 하기로 하였다. 1주일에 원고지 10장 되는 분량 글을 써서 첨삭 지도를 받는 형태다. 원고지 10장인 이유는 사이토 다카시가 원고지 10장을 쓰는 힘이라는 책에서 강조한 내용으로 원고지 10장부터는 글을 쓸 때 독서, 인문학 공부, 그리고 계획이 필요하다고 한다.

영환이 형은 학생 때부터 소설을 엄청 많이 읽고 있었고 연극반 활동을 열심히 하였다. 청년 의사에 '문학 속의 의학'이라는 칼럼을 게재하였고 나중에 이를 묶어 책을 냈다. 이후 연세대학교 국어국문학과에서 「이청준 소설에 나타난 질병의 의미」로 석사 학위를 받았다. '문학, 의학을 이야기하다'라는 의과 대학 수업을 강의하였고 『퍼펙트 게임』, 『6657 응급의학과입니다』라는 소설책을 출간한 응급의학과 의사이면서 문학가였다.

원고지 10장은 글자 크기 11, 줄 간격 160%로 하면 대략 A4 1장이다. 처음 글을 썼을 때 A4 2/3까지는 금방 채워지는데, 이상하게도 마지막 한 문단이 부족했다. 그 부족한 부분을 채우기 위해 머리를 쥐어짜고 고민해서 겨우 1장을 채워 영환이 형에게 보냈다. 중언부언은 덜어내고 적합한 단어를 채택하면 어김없이 글은 다시 2/3분량이 된다. 1주일에 1장 쓰기가 참 어려웠다. 결국은 시간이 해결해준다. 자꾸 쓰고 다듬고 하다 보니 어느 순간 1시간 정도면 완성할 수 있었다.

논문을 쓰다 보면 처음부터 영어로 써야 좋다고 하는 사람이 있다. 글쓰기를 해보면 알 수 있는데, 나같이 모국어가 한글인 사람은 한글로 생각하고 글을 써야 훨씬 생각도 자유롭고 표현도 막힘이 없어 내가 말하고자 하는 뉘앙스까지 잘 전달할 수 있다. 영어로 글을 쓴다고 하면 생각은 한글로 하고 그걸 영어로 번역해야 하는데, 번역하려다 보면 알맞은 표현법을 몰라 다시 한글을 수정하게 된다. 그러다 보면 원래 내가 말하고자 하던 내용이 조금은 변하기 마련이다. 그래서 논문은 일단 한글로 쓰는 게 맞다고 생각한다. 더군다나 요즘은 ChatGPT 같은 인공지능 프로그램이 번역을 잘 해주기 때문에 더욱 그러하다.

논문 쓰는 데 글쓰기 공부까지 해야 하나 싶겠지만, 해보면 논문이 훨씬 읽기 쉬워지고 논점도 명확해진다. 응급의학과 학회지에 실린 논문을 읽어보면 지루하고 재미없고 뭘 말하고자 하는지 눈에 잘 안 들어오는 경우가 많다. 적어도 내 논문은 그렇게 되지 않고 싶었다.

『내 문장이 그렇게 이상한가요』라는 책에서 강조했던 적의를 보이는 것들. '적', '의', '것'만 문장에서 없애려고 노력해도 훨씬 맛깔나는 문장을 쓸 수 있다.

거짓말

연구 3.

 연구비. 요즘 논문을 쓰고 투고하는 과정엔 돈이 들어간다. 일단 연구 데이터 수집 자체에 큰돈이 들어가는데, 예를 들어 특정한 기계를 이용한 논문을 쓴다거나 동물 실험을 할 때 큰돈이 들어간다. 쥐 한 마리도 3만 5천 원 정도라고 하는데, 사료비나 사육료, 장소 사용료 등은 별도다. 통계 자문을 받을 때도 돈이 필요할 수 있고, 영어 번역과 수정 작업에도 돈이 들어갈 수 있다. 연구원을 고용하면 인건비도 들어가고, 마지막으로 학회지에 투고할 때 투고료 혹은 심사료가 들어간다.

 그럼 이런 연구비는 어떻게 구할 수 있는가? 내 경우 제일 먼저는 교내 신진 교수 연구비를 신청하였다. 신진 교수는 발령받은 지 3년 이내에 연구계획서를 제출하고 심사 과정을 거쳐 선택되면 받게 된다. 2천만 원. 학생 교육 도구로 VR을 이용한 프로그램을 개발하였다. 학생 실습에 적용해보니 어느 정도 교육 효과가 있다고 하였다. 이를 발전시키기 위해 의대에 일반교수 연구비를 신청하였다. 연구계획서에 항상 나오는 고도화 작업을 하는 내용으로 4천만 원을 받았다.

이후 한국연구재단에 정식으로 연구비를 도전하였다. 3년간 4억 5천만 원. 다행히 연구비를 받을 수 있어 VR 프로그램을 이용한 가상환자 진찰 프로그램을 개발하여 학생 교육에 적용시켜 볼 수 있었다.

이렇게 적고 보니 너무 쉬워 보인다. 교내 여러 과 교수님들과 외부 업체가 컨소시엄을 만들어 80억 연구과제에 도전하는 업무에 투입된 적이 있었다. 처음 보는 연구계획서 작성 요령과 단어들, 그리고 여러 사람과 업무를 분담하고 결과물을 만들어 종합하고 회의하고 하는 과정이 만만치 않았다. 결과는 실패. 약 2달 동안 업무가 수포로 돌아갔다. 그다음 시뮬레이션 기법을 활용하여 중증외상환자 응급처치 교육 과정을 개발하는 180억 사업에 도전하였다. 이 또한 학교 본부 여러 교수님과 외부 업체와 같이 컨소시엄 형태로 약 3개월간 준비하여 참여하였는데, 결국 떨어졌다.

여기까지가 내 한계였다. 연구비가 올라가면 심사자들 수준도 올라간다. 연구비가 많을수록 연구자 내공도 깊어야 한다. 그 내공은 그동안 출판한 논문으로 증명해야 한다. SCI급 연구가 한두 개 있는 연구자에게 수백억 연구비를 맡길 리가 없다. 연구를 계속하고 연구비를 계속 받으려면 논문 작업을 꾸준히 계속해야 한다. 어떤 교수는 SCI급 논문들 채택률이 평균 20%가 안 되니 적어도 1년에 1편을 출판하려면 최소 5편을 동시에 진행하고 있어야 한다는 주장을 펴

기도 한다.

  직접 연구를 한 번이라도 해본 경험이 있는 사람은 자료 수집, 통계 처리, 논문 작성, 평가자 리뷰에 대한 응답 작성, 연구비 정산 과정에서 거짓말 유혹을 느껴봤을 것이다. 이 데이터 한 명 삭제할까? 통계값을 아주 조금만 조정해볼까? 연구 참여자 동의서에 서명이 누락되었는데, 그냥 내가 해버릴까? 기존 논문에서 사용했던 문장을 다시 복사해서 붙여 넣을까? 평가자 질문에 조금만 거짓으로 대답할까? 연구 과정은 자신과 싸우는 과정이 되기도 한다.

리더

Professionalism
(전문가 정신)

리더 1.

　의사는 치유자(healer)와 전문가(profession)라는 특성을 동시에 가지고 있는 직업이다. 치유자는 고대 때부터 인간 사회에 존재했던 역할이고 히포크라테스 시대를 지나 curing 개념으로 발전, 현재까지 이어져 온다. 전문가는 중세시대 성직자, 법조인, 의사에게 쓰이던 Learned profession 개념이 정부 등에서 등록(legislation)하고 종합대학과 연계되면서 현재로 이어졌다. 의사는 특히 환자 존엄과 자율성을 존중하고 이타적이며 자기 규제안에서 사회에 대한 책임을 다해야 한다.

　중세시대 이후 의사와 사회는 계약을 맺고 있다는 주장이 있다. 사회는 의사들이 치유자 역할에 충실하고 능력을 유지하길 바라고 언제든지 치료를 받을 수 있길 원한다. 의사는 이타적이어야 하고 도덕적이고 정직하며 신뢰할 수 있어야 한다. 책임감을 갖고 투명성을 보여야 하고 환자 존엄과 자율성에 대한 존중, 객관적인 충고, 공공선(public good)을 추구하길 기대한다. 의사는 사회에게 신뢰, 자율성, 자기 규제를 인정하고 의료 시스템 가치를 기반으로 한 충분한 재정 보조와 합리적 자율성 인정, 그리고 사회 규정을 정할 때 일정한 역할을 할 수 있기를 요구한다. 의사는 재정적인 부분과 그 외 부분에서 보상을 바라며, 무엇보다 의료 행위에 대한 독점을 원하였다. 이처럼 의사와 사회는 서로 원하는 부분이 조금씩은 다르지만 서로 주고받는 식으로 의료 시스템을 사회 안전망 일부로 유지하였다. 여기서 서로 바라는 특성들을 한 단어로 정의하면 professionalism(전문가 정신)이라 할 수 있다.

내가 전문가 정신 혹은 프로의식이라는 단어

를 처음 들은 건 80년대 프로야구가 우리나라에 도입될 때부터다. 당시 내게 프로 선수는 돈을 받고 뭔가를 하는 사람, 몸이 아파도 경기에 출정하여 팀 승리를 위해 헌신하는 선수, 박철순이나 최동원 같은 선수였다. 그 뒤로 자기 관리를 철저히 하는 이승환 같은 가수나 목표 의식을 확실히 하고 매일매일 수련하듯 운동을 하는 이치로나 오타니, 혹은 온갖 징크스를 가지고 이를 극복하려는 서장훈, 김해공항에서 비행기를 기다리면서도 악보를 보고 공부하는 지휘자 정명훈, 4년마다 열리는 올림픽이나 월드컵에서 뛰는 선수들을 보면서 프로라고 느꼈다. 돈을 많이 받았으니 몸값을 해야 하니까 열심히 하는가? 자기 분야에서 최고가 되겠다는 목표를 세우고 이를 위해 꾸준히 노력하고 일정 부분 인생을 희생하는 모습을 보고 나는 이들을 프로라고 생각하였다.

 이런 전문가 정신은 몇 가지 합의가 있다. 전

문가 정신은 행동으로 표현된다. 의사가 환자와 보호자와 상호작용할 때, 의료진들이 상호 작용할 때, 진료 환경에서, 그리고 학회나 외부 활동에서 행동을 관찰함으로 전문가 정신을 확인할 수 있다. 미국 내과 전문의 협회에서 2002년에 발표한 의사 헌장(Physical Charter)에 따르면 세 가지 중요한 원칙은 '환자 복지를 최우선으로 해야 하고 환자 자율성을 존중하며 사회 정의에 따라야 한다'이다. 열 가지 약속은 다음 내용을 포함한다. 능력을 유지해야 하고 환자에게 정직해야 하며 환자 비밀을 지켜야 한다. 환자와 적절한 관계를 맺어야 하며 진료 질과 의료 접근성을 향상시켜야 한다. 유한한 의료 자원을 공정하게 배분한다. 최신 과학 지식을 항상 공부하고 이익 갈등(conflict of interest)을 처리함에 신뢰가 있어야하며 마지막으로 전문가로서 책임 있는 행동을 해야 한다. 이렇게 여러 가지로 표현되는 전문가 정신은 4가지 핵심 가치로 정리할 수 있다. 이는 탁월함 추구(persuit of excellence), 환자 중심 진료, 진실성과 책임, 공정하고 윤리적인 자원 분배다.

전문과나 의사 역할에 따라 항목 중요도가 다르다. 응급의학과 의사들에게 설문 조사를 했던 연구에서 정직하고 진실, 다른 이를 존중, 탁월함, 책임감 등이 중요하다고 했고 이는 모두 임상 지식과 능력, 대화 기술(communication skill), 윤리와 법 이해에 기초를 둬야 한다고 하였다. 미국 응급의학과 전문의 협회에서도 전공의 수련 과정에 전문가 정신을 수련 목표로 넣고 1~5단계로 나누어 학습 목표를 제시하였다.

결국 행동으로 표현되는 전문가 정신은 능력으로 봐야 한다. 우리가 환자를 진료하고 진단하고 치료하는 행위를 잘하면 그 의사는 능력이 있다거나 경쟁력이 높다고 평가하듯이, 행동으로 확인할 수 있는 전문가 정신을 갖추는지도 그 의사의 능력이다. 머릿속으로 전문가 정신을 다 이해하고 암기하고 있지만 실제 의료 현장에서 행동으로 보여주지 못한다면, 아니면 행동에서 관찰할 수 없다면 그는 무능력한 의사다.

비전문가 행동은 의료 시스템이나 병원이 원활하게 작동하는 상황을 방해하는 행동, 예를 들면 고함치거나 욕하거나, 폭력적인 행동 혹은 위협하는 행동으로 나타난다. 나약한 사람이 쉽게 화낸다. 다른 사람을 비하하거나 모욕하는 행동을 보이기도 하는데, 예를 들어 놀림, 조롱, 겁주기, 하찮게 여기기, 착취, 타과에 대한 고정관념, 다른 사람 걱정을 하찮게 여기거나 무시한다. 수동적 공격적(passive aggressive) 행동을 보이기도 하는데, 어떤 문제 해결 과정에 참여하기는 거부하면서 다른 사람이 낸 해결책은 비난하고 그 사람을 나쁘게 보이도록 만들고, 실행하기 전에 있을 수 없는 완벽한 증거를 요구한다. 자주 지각하고 콜에 응답하지 않으며 서류 제출 시한을 자꾸 넘기는 수동적 무례함(passive disrespect)을 보이기도 하며 환자 요구를 무시하고 환자를 하찮게 보며, 환자 이야기를 믿지 않고 환자 걱정을 존중하지 않는 오만한 태도를 보인다.

그럼 이런 전문가 정신은 교육할 수 있는가? 교육할 수 없다고 생각하는 사람들은 이를 배울 수 있는 역량이나 기술이 아니라고 생각하고 단지 개인 특성이라 본다. 학생이나 전공의는 이론적으론 가능하나 현장에 있는 교수나 선배 전공의를 보면 아무도 이론처럼 하지 않으니 이는 이론일 뿐이라고 생각한다. 하지만 Situated learing theory 등 이미 수많은 교육학 이론에서 전문가 정신은 가르칠 수 있는 분야라고 입증되었다.

전문가 정신을 수련하기 위해서 정규 교육 과정(formal curriculum)을 개발하여 전문가 정신에 대한 지식을 전달하고 윤리, 의사소통기술, 불확실성을 다루는 방법, 인지적 편견을 발견하고 추론하는 능력, 피드백 기술 등을 교육해야 한다. 비정규 교육 과정(informal curriculum)이 더 중요할 수 있는데, 교수는 전공의와 같이 근무하는 상황에서 롤 모델링을 할 수 있다. 예를 들어 돈 없다고 치료를 해주지 않냐고 화내는 보호자와 면담 상황이 발생하면, 교수가 면담하기 전 전공의에게 내가 앞으로 뭘 어떻게 할 건데 그것에 주목해서 잘 관찰하라고 미리 지시를 주고 면담을 진행한 뒤 전공의와 대화를 나눈다. 다음번에 네가 한다면 어떻게 할래? 그리고 실제 다음 그런 상황이 생기면 그 전공의를 먼저 면담에 투입하는 방법이다. 물론 여기서 중요한 부분은 면담 뒤 전공의와 교수가 대화를 나눌 때, 단순 대화가 아니라 guided reflection이 되어야 한다는 점이다. Reflection은 무의식적으로 행한 본인 행동을 의식적으로 되돌아보는 과정으로 이를 통해 일반화한 규칙을 정하고 실제 내 행동을 변화시키는 노력이 들어가는 행위다. 숨겨진 교육 과정(hiddne curriculum)은 일상생활 조직 문화에 녹아 있는, 우리가 당연하다고 여기는 어떤 행동들을 말한다. 예를 들어 환자 문진을 가르치는 교육 시간에 환자와 전공의가 문진을 시행하는데, 교수는 전공의가 환자와 대화하는 동안 핸드폰으로 메일을 확인하고 문진이 끝나자 "질문 없지?" 하고 끝내면, 이를 본 전공의는 '환자 문진이 별로 중요하지 않은 거구나' 하고 생각하게 된다. 또 어떤 병원에서 어떤 교수가 비전문가적 행동을 했는데, 이에 대해 아무런 제재나 수정 노력을 조직 차원에서 하지 않으면, 전공의는 당연히 '그래도 되는구나' 하고 배우게 된다.

* 이 글은 'Understanding medical professionalism(Wedny levinson 외 3인 지음, McGrawHill education 출판)에서 발췌한 내용을 포함함.

고립

리더 2.

 치프 전공의가 되거나 어느 병원 응급실 과장이 되면, 내 의사와 상관없이 리더 역할을 하게 된다. 개원하는 해운대백병원에서 36세 나이에 과장을 맡게 되었다. 해운대로 오는 선배가 없어서 자연히 과장이 된 것이다. 처음엔 모든 일이 버거웠다. 심지어 응급실 입구 유리창에 붙이는 안내문 위치까지 내가 결정해야 했다.

 여러 병원에서 온 의사, 간호사와 함께 응급실 진료 과정과 규칙을 정하는 과정에서 과장으로서 난 나이가 어렸기 때문에 뭔가 객관성, 확실성, 투명성이 보장되는 규칙을 정하고 싶었다. 논리로도 완벽하고 최대한 자료를 모아 그걸 근거로 의사 결정을 하려 했다. 그래야만 다른 사람들이 잘 따를 거라 생각했기 때문이다. 최대한 몇 년 뒤를 예측하고 그에 맞는 방향을 설정하고 싶었다. 하지만 1년만 지나도 전혀 예상하지 못한 일 때문에 유리창 안내 스티커를 떼고 다시 붙이듯이 계획한 일은 내 예상대로 흘러가지 않았다. 거의 모든 일이 그러했다. 타과 응급실 환자 진료 과정을 협의하고 정해도, 인력 변동이나 병원 공사 등 이유로 다시 만나 변경해야만 했다. 그렇다. 미래는 예측할 수 없다. 미래는 만들어 나가야 한다. 지금 아무리 내가 최선이라 결론 내렸던 일도 환경이 바뀌면 최악이 될 수도 있다.

응급실에서 일하다 보면 타과와 이해 충돌이 발생하면서 서로 양보도 안 하고 자존심 싸움으로 번지는 경우가 있다. 예를 들어 외래에서 응급실로 의뢰한 환자나, 타과에서 전원 승인한 환자는 응급의학과가 초기 진료나 처방하지 않겠다고 정한다. 외래에서 주치의가 진료했으니 다시 응급의학과 의사가 진료를 볼 필요가 없다는 논리다. 혹은 응급의학과 의사도 부족하기 때문에 한정된 자원을 효율적으로 사용해야 한다는 이유다. 전원 승인 환자도 마찬가지로 한정된 자원 등을 이유로 들지만 사실 타과를 귀찮게 만들어 전원 승인을 줄이자는 숨은 의도가 있다. 시간이 갈수록 응급의학과는 인심을 잃고 모텔 주인이라는 비아냥을 받는다(응급실 방만 내어 주는 모텔 주인). 자존심을 세우면 세울수록 자신이 고립된다. 온갖 규칙을 정하고 다른 사람이나 조직에 선을 그으면 결국 내 세계만 좁아진다. 감옥이 된다. 온갖 규칙이 창살이 된다. 선의가 반복되면 권리로 착각할까 싫은가?

"응급의학과는 뭐하는 과야?"라는 말을 타과 의사들이 많이 한다. 응급실 리더 역할이 우리가 할 일이다. 오케스트라 지휘자처럼 모든 악기를 직접 연주할 수는 없지만 언제 어떤 악기가 어떤 소리를 내줘야 하는지 정확히 알고 이를 이끌어야 한다. 목수처럼 집을 지을 때 수많은 전문가가 참여하지만 어떤 일이 먼저고 언제까지 완성해야 하는지 목수가 정해줘야 하고 또한 목수가 해야 할 일은 한 치 오차 없이 해내야 한다.

정의론과 공리주의

리더 3.

　은행에 가면 거의 모든 창구 직원은 친절하다. 그리고 내가 원하는 서비스가 아무리 복잡해도 싫은 내색 없이 잘 처리해 준다. 자신이 처리 못 하는 일은 그 옆에 있는 직원이나 뒷줄에 앉아 있는 선배에게 달려가 물어보고 해결한다. 특히 컴퓨터에 뭔가 입력을 많이 하는데 어떻게 그런 과정을 다 외우고 있는지 놀라울 때도 많다. 그리고 무엇보다 돈과 관련된 업무다 보니 1원 단위까지 틀리지 않는 응대가 만족스럽다. 마지막으로 항상 나에게 물어본다. "고객님 더 필요하신 일은 없으신지요?" "아! 혹시 새로 나온 예금이나 적금 좋은 거 있나요?" 나는 다시 자리에 앉고 상품 설명을 듣고 좀 더 고민하고 나중에 다시 나오겠다고 인사하고 자리를 일어난다. 내 뒤에 앉아있던 다음 차례 고객님은 뭔가 바빠 보였고 대기자 수는 10명이다.

'우레옥'이라는 평양냉면과 불고기로 유명한 맛집이 있다. 유명한 만큼 전국뿐만 아니라 외국인 관광객까지도 방문한다. 제일 바쁜 시간에 가면 1층은 냉면만 먹고 가는 사람, 2층은 고기 먹는 사람으로 나누고 혼자 가는 경우 모르는 사람과 합석도 권유받는다. 합석을 거부하면 자리가 날 때까지 기다려야 할 수도 있다. 2층으로 올라가는 계단 앞에 지배인으로 보이는 직원이 있고 이 사람이 손님에게 자리를 배치한다. 손님이 나가면 홀에서 일하는 직원을 다그쳐 빨리 그릇을 치우고 식탁을 닦아 자리 준비를 시킨다. 먼저 왔다고 먼저 들어가지 않는다. 인원수와 메뉴에 따라 순서가 정해진다. 워낙 사람이 많아 누가 나보다 먼저 왔는지 사실 구별하지도 못할 때가 많다. 그저 지배인이 빨리빨리 자리를 정리하고 적재적소에 나를 배정해 주길 바랄 뿐이다.

『정의란 무엇인가(마이클 샌델 지음)』라는 책에서 정의론과 공리주의를 비교하는 내용이 있다. 정의론은 정의, 자유, 평등을 핵심 가치로 하고 개인 자유와 권리를 무엇보다 우선한다. 즉 개인 권리는 절대 보호해야 하는 가치다. 절차적 공정성을 판단 기준으로 삼고 불평등을 완화하는 복지 정책을 지지한다. 공리주의는 효용, 행복, 쾌락을 핵심 가치로 생각하고 사회 전체 효용을 극대화하길 원한다. 개인 권리는 사회 전체 효용 극대화라는 목표 아래 저울질될 수 있는 상대적 가치다. 절차보다는 결과가 얼마나 유용한지가 판단 기준으로 다수에게 이익이 된다면 소수에게 불평등이 발생하여도 이를 감수한다. 은행 창구 직원은 정의론을 따라 일하고 우레옥 지배인은 공리주의자다.

응급실에서 타과는 정의론자다. 보통 각 과 당직 1명이 응급실 진료를 담당하는데, 예를 들어 내과 환자 10명이 내원하여 협진을 보게 되는 경우, 내과 의사는 한 명 한 명 환자를 진료하는 데 최선을 다한다. 뒤에 9명이 기다리고 있어도 처음 본 환자가 중환이면 그 환자에게 집중한다. 외과 의사는 1명 환자를 수술하면서 최선을 다한다. 밖에 전쟁이 나 대량 환자가 발생해도 수술중인 환자를 포기하지 않는다.

응급의학과 의사는 공리주의자다. 동시에 10명이 접수하면 트리아지라는 환자 분류를 통해 제일 응급한 환자를 먼저 보지만 나머지 9명에게도 동시다발적 접근을 한다. 멀티테스킹을 할 줄 알아야 한다. 한 환자에게만 집중하면 안 된다. 전체 환자에게 그 상황에서 얻을 수 있는 제일 좋은 결과를 만들어 내야 한다.

그래서 응급실엔 응급의학과가 필요하다. 응급실은 언제 얼마나 많은 환자가 동시에 올지 알 수가 없기 때문이다. 이렇게 정의론자와 공리주의자가 같이 근무해야 응급실 환자를 놓치지 않을 수 있다. 응급실 진료는 응급의학과와 타과가 씨줄과 날줄로 엮어 만든 그물망이다. 그 그물망이 촘촘할수록, 그리고 그 전체 넓이가 넓을수록 환자를 놓치지 않을 수 있다.

문제는 이 과정에서 갈등이 발생한다. 응급의학과는 타과도 우리처럼 여러 환자를 빨리빨리 진료해주길 바라고 타과는 우리한테 천천히 협진하길 바란다. 우리는 이 갈등도 조정해야 한다. 응급실이라는 세상에 살아가는 최대 다수가 행복하게 만드는 역할도 우리 몫이다.

The man on the spot

리더 4.

가을이 되면 다음 해 전공의 모집이 시작된다. 각 과에선 전공의 모집 포스터를 멋지게 혹은 귀엽게 만들어 의대와 병원 게시판에 붙이기 시작했다. 신경외과는 수술방 신경외과 의사 모습을 멋있게 찍은 사진을 크게 붙였고 내과는 그냥 내과답게 글이 빽빽한 포스터를 붙였다. 응급의학과도 포스터를 붙였는데, 그림이나 내용보다는 제목이 눈에 띈다.

The man on the spot.

직역하자면 점 위에 있는 그 사람이라는 뜻이지만 우리는 그 순간 그곳에서 사람을 살리는 의사라는 뜻을 지니고 있다. 응급의학과는 응급실에서 진료한다는 그 특성 때문에 아주 다양한 환자를 진료해야만 한다. 간단한 환자는 시간이 조금 지체되어도 진료 결과가 달라지진 않지만 말 그대로 응급인 환자는 순간 나빠지기 때문에 항상 긴장하고 환자 곁을 지켜야 한다.

 기절했다고 하면서 응급실로 걸어 온 환자가 진료실 내 눈앞에서 의식을 잃고 쓰러졌다. 맥박이 만져지지 않는다. 심전도를 붙인다. 심실세동. 제세동기로 바로 전기 충격을 준다. 맥박이 돌아온다. 조금만 더 늦었어도 저산소증으로 뇌 손상을 입었거나 심폐소생술을 해도 돌아오지 않을 수 있었다. 어지럽다고 응급실로 온 환자가 맥박이 20회였다. 심전도를 보니 QRS가 구별되지 않는 S자를 옆으로 누여 놓은 모양이다. 고칼륨혈증이다. 칼륨을 낮추는 약과 칼슘을 즉시 투여한다. 심전도가 점차 정상 모양을 찾는다. 머리가 아프다고 온 환자가 침대에 누워있다 갑자기 구토를 한다. 간호사는 환자가 이상하다고 봐달라고 한다. 가보니 의식이 세미코마이다. 기관삽관을 준비하고 약물을 투여하고 한

번에 기관삽관에 성공한다.

그때 그곳에 응급의학과 의사가 없었다면, 이런 환자는 죽을 수 있다. 심실세동이 어떤 병이고 왜 생기며 치료는 어떻게 해야 하는지에 대해서 심장내과 의사가 우리보다 지식적으로 더 많이 알고 있고 결국 이식형 제세동기(intracardiac defibrillator)를 넣는 술기도 심장내과 의사가 하지만, 그 심장내과는 응급실에 상주하지 못한다. 고칼륨혈증 원인을 감별하고 투석 치료를 하는 신장내과 의사는 응급실에 없다. 응급 상황에서 기관삽관을 하는 경우 마취과 의사가 어쩌면 응급의학과 의사보다 기관 삽관을 더 잘할 수 있겠지만 마취과 의사는 수술실에 있다. 의식이 처진 원인이 뇌출혈이면 신경외과 의사가, 뇌졸중이면 신경과 의사 진료가 필요한데, 이들도 응급실엔 없다.

의사 능력을 가로 곱하기 세로로 가정한다면 심장내과 신장내과 마취과 신경외과 신경과 의사는 가로가 좁고 세로가 깊은 사각형이다. 응급의학과 의사는 가로가 길고 세로가 얕은 사각형이다. 두 사각형 넓이는 같다. 물론 개인에 따라 머리가 좋고 경험이 많으면 각 사각형은 넓이가 커지겠지만 큰 그림으로 보면 개인 능력은 거의 한계가 비슷하기에 세로로 긴 사각형인지 가로가 긴 사각형인지 차이일 뿐이다.

응급의학과 의사를 독특하게 만드는 특성은 그 순간 그 자리에 있다는 점이다. 우리가 그 자리에서 그 순간 그 역할을 해내야 우리 존재 가치가 인정된다. 자고 있다 연락받고 병원 어딘가에 있는 당직실에서 내려와 환자를 진료하는 응급의학과는 응급의학과가 아니다. 당직 의사일 뿐이다. 그래서 우리는 밤 근무를 야간 당직이라 부르지 않는다. 야간 근무다.

심장혈관외과 교수인 Y가 나에게 해준 말이 있다. "준호야. 네가 근무인 날은 병원 다른 과 의사나 응급실 간호사가 안심할 수 있는 응급의학과 의사가 되거라."

응급실 환자 진료에 리더십을 가지려면 타과 의료진과 신뢰 관계가 필요하다. 그 신뢰는 응급실을 지키고 있는 응급의학과 역할을 충실히 담당하면서 만들어진다.

비교

리더 5.

 나는 클래식 음악을 들으면서 어릴 때 듣던 가요나 팝송을 들을 때 느끼는 그 감정을 경험하지 못한다. 하지만 어떤 이들은 클래식을 들으면서도 감동한다. 음악을 들으면서 감정을 느끼는 이유는 도파민이 분비되기 때문인데, 음악 장르별로 이 도파민 분비를 유발하는 기제가 다르다고 한다. 클래식 음악은 곡 전개 과정을 예측하고 복잡한 구조를 이해하는 과정에서 도파민이 분비되어 지적 만족감을 느끼게 된다고 한다. 대중음악은 반복적인 리듬과 훅(hook)이 뇌 하위 피질(sub-cortical) 영역을 직접 자극하여 즉각적인 즐거움과 신체적 반응(physical response)을 유도하는데 이는 중독적인 패턴으로 강한 도파민 분비를 촉진한다고 한다.

성악가인 아버지 직업 때문에 오페라 공연이나 합창 공연을 관람할 기회가 많았다. 하지만 그땐 너무 어렸고 클래식은 너무 어려웠다. 성악가들이 노래를 잘하는 건지 구별할 수 없었다. 고등학교 때 입시 심사를 녹화한 비디오를 볼 기회가 있었다. 같은 노래를 여러 명이 나와 부르는데, 확실히 지원자마다 실력 차이를 느낄 수 있었고 어느 정도 불합격생을 구별해 낼 수 있었다. 대학에 들어와 노래세상이라는 동아리 활동을 하면서 무대 공연도 해봤고 동기들이 하는 오케스트라, 합창반, 이브닝콰이어 공연을 볼 기회도 있었다. 교수가 되어 음악 봉사동아리 라페르마타 지도 교수 활동을 하면서 의대생 공연을 볼 기회도 많아졌다. 그들 공연 모두 즐거운 기회였지만 프로가 하는 공연이나 CD로 듣는 그것과는 확실한 차이를 느낄 수 있었다.

  환자 초진 뒤 검사 처방을 내고 필요한 응급 처치를 하면서 협진을 의뢰하는 우리 진료 과정을 얼핏 보면 내가 하나 네가 하나 별 차이가 없다고 느낀다. 응급실 진료는 이미 어느 정도 표준화되었고 타과 진료 과정도 틀이 잡혔기 때문이다.

다른 병원은 어떤지 알고 있는가? 다른 나라는 어떻게 하고 있는지 경험해 봤는가? 우리끼리만 잘하고 있다고 생각하지 않는가? 누군가 다른 응급실을 경험한 사람이 우리 응급실 시스템을 보면 감동할 수 있을까? 마이너 과목 응급환자는 우리가 잘 치료하고 있는가? 외상 환자는 포기하지 않았는가? 응급의학과만 보고 가는 환자는 별일이 없는가? 퇴원 설명은 잘하고 있는가? 한 명 환자에게 평균 3~4개 협진을 생각 없이 하고 있진 않은가? 검사 계획, 결과, 현재 진행 상황은 그때그때 환자와 보호자에게 설명해 주고 있는가? 우리는 최신 의학 정보를 토대로 환자 진료를 하고 있는가? 나는 습관적으로 쓰고 있는 처방이나 약이 무슨 의미인지 정확히 알고 있는가? 나는 나아지려 노력하고 있는가? 나는 정말 최선인가?

같은 클래식 음악도 누가 어떻게 연주하냐에 따라 완전히 다른 곡이 되기도 하고 다른 감정을 느끼게 된다. 베토벤 영웅 교향곡도 카라얀이나 아바도 같은 지휘자에 따라 달라지고 Nessun dorma도 파바로티가 부를 때와 카우프만이 부를 때 다른 곡이 된다. 응급실도 내가 책임자로 있을 때와 '너'가 책임자로 있을 때 다른 곳이 된다. 다른 병원, 다른 나라 시스템을 보고 느껴야 한다. 가요처럼 쉽게 구별할 순 없지만 보고 듣고 생각하다 보면 클래식처럼 어느 순간 차이가 느껴지고 아름다움을 발견할 수 있다.

오디오 취미를 가졌던 때가 있다. 용산전자상가에 컴퓨터용 스피커를 사러 갔는데 5만 원, 7만 원, 11만 원, 15만 원짜리 스피커를 들어보았다. 가격이 올라갈수록 이유를 설명할 순 없지만 소리가 좋았다. 21만 원짜리는 15만 원짜리와 차이를 못 느꼈다. 사장님이 "그럼 그냥 15만 원짜리 사세요." 결제할 때 문득 사장님이 듣고 있는 스피커가 궁금해졌다. '그건 뭐에요?' 내 쪽으로 스피커를 돌려주었다. 갑자기 아이유가 내 앞에 딱 나타났다. 태어나 처음 느껴본 스테레오 소리였다. 집에 오는 길에 그 사장님과 같은 종류 스피커가 내 손에 들려 있었다. 엄청 비쌌다.

이후로 오디오 세계에 빠져 2년 정도 시간을 보냈다. 어떤 앰프가 좋더라 어떤 스피커가 끝내주더라 하는 인터넷 동호회 댓글과 유튜브 정보를 보고 서울 경기 곳곳을 돌아다니면서 청음하고 중고 거래하고 부산에서 택배로 물건을 받고 광주로 물건을 보냈다. 저음이 단단하고 중역이 풍부하고 매끄러우면서 고음은 실크 같아요. 음장감이 넓어지고 해상도가 확 늘어나요. 다이내믹하고 3만 Hz까지 표현할 수 있어요. 사람은 2만 Hz까지 들을 수 있는데요? 그러니까요. 이 스피커는 2만 Hz 넘는 음역을 몸으로 느껴지게 해줘요.

지금 생각해보면 아무것도 모르는 내게 그들이 하는 말은 전문가 영역이었다. 음향 전문가는 보통 2천 Hz에서 2만 Hz 가청 주파수를 8가지 음역대로 구별해서 들을 수 있다고 한다. 일반인은 5가지 음역대로 구별하는데 이를 시험해 볼 수 있는 프로그램을 나중에 알게 되었다. 이퀄라이저로 5가지 음역대 가운데 무작위로 한 부분을 낮추고 음악을 들으면서 어느 음역대가 빠졌는지 맞추거나 훈련하는 프로그램이다. 난 구별할 수 없었다. 더 이상 오디오에 돈을 쓰지 않기로 하였다.

차이를 느끼고 뭐가 더 좋은지 알려면 결국 자세히 살피고 경험하고 수련해야 한다. 우리가 하는 일, 우리 응급실이 좋은 스피커인지 앰프인지 구별하려면 다른 응급실과 비교해 보자.

시스템 사고

리더 6.

Systems thinking이라는 단어가 있다. 시스템 사고 혹은 시스템적 사고로 번역하는데 개별 요소를 분리해서 보는 대신 시스템 전체에서 각 요소가 서로 어떻게 상호작용하고 그 복잡성을 이해하여 나타나는 현상을 총체적으로 파악하려는 사고방식을 말한다. 세상을 부분으로 나누는 대신, 전체와 관계를 어떻게 맺는지 바라보고 시스템을 구성하는 요소들이 어떻게 서로 연결되어 상호 작용하는지 이해하여 복잡한 문제나 현상에 대해 효과적인 해결책을 찾도록 한다.

의료 분야에서는 개인과 사회 시스템을 유기적으로 연결된 전체로 보고 질병 근원을 파악하는 데 활용된다. 예를 들어 혈당 조절이 잘 안 되는 당뇨병 환자가 응급실에 온 상황을 가정해

보자. 의사는 환자에게 '처방한 약을 잘 복용하고 식단 관리에 신경 쓰세요'라는 지시만을 내린다. 하지만 환자는 병원 문을 나서는 순간부터 복잡한 현실과 마주한다. 가족은 환자 식단을 따로 챙겨줄 여유가 없고, 환자 자신은 퇴근 후 지친 몸으로 건강식을 직접 만들어 먹을 힘이 없다. 결국 약 복용을 잊거나 식단을 제대로 지키지 못하는 일이 반복되면서 저혈당이나 고혈당으로 자꾸 응급실로 오게 된다. 이때 시스템 사고를 적용하면 문제는 전혀 다른 관점에서 보인다. 의료진은 단순히 환자에게 약만 처방하는 것을 넘어, 환자가 약을 꾸준히 복용하고 건강한 식단을 유지하기 어려운 근본적인 이유가 무엇인지 파고들게 되고 환자가 경제적으로 어려움을 겪는지, 가족 지지가 충분한지, 거주 환경이 건강 관리에 불리하지는 않은지 등 다양한 외부 요인을 종합적으로 분석하게 된다. 이를 통해, 퇴원할 때 환자에게 필요한 맞춤형 사회복지 서비스를 연계해주고, 지역사회 내에서 저소득층을 위한 건강식 지원 프로그램을 찾아 연결해 주는 등 다각적인 해결책을 모색할 수 있다.

응급실과 연관된 문제를 생각해 보자. 응급의학과 의사에게 응급실 과밀화 문제는 종양내과 의사에게 암과 같다. 수십 년간 수많은 노력에도 아직 암은 정복하지 못했다. 응급실 과밀화도 암처럼 해결할 수 없는 문제인가? 단편적인 시각으로 접근하면, 응급실 의사와 간호사를 더 충원하면 문제가 해결된다고 생각하기 쉽다. 그러나 인력을 늘려도 대기 시간은 줄어들지 않고, 병원 전체의 부담만 커지는 경우가 많다. 시스템 사고는 문제 원인이 응급실 내부만이 아닐 수도 있음을 인지하게 한다. 응급실로 환자들이 몰리는 이유는 무엇인지, 환자들이 입원할 병상이 부족한 것은 아닌지, 영상의학과 장비 부족으로 검사 결과가 늦어지는 것은 아닌지 등 전체 병원 시스템 흐름을 살펴본다. 나아가 응급실을 이용하는 환자 가운데 경환이 많다는 점에 주목하고, 이들을 외래에서 보는 진료 과정을 마련하거나 퇴원 예정 환자 절차를 신속하게 처리해 입원 병상을 확보하는 등 병원 여러 부서가 함께 협력하도록 시스템을 재설계할 수 있다.

이런 시스템 사고를 하는 사람은 몇 가지 특성이 있다. 큰 그림을 이해하려고 노력한다. 시스템 요소들이 시간 경과에 따라 어떻게 만들어지고 변화해 왔는지 그 경향과 틀을 살핀다. 조직 문화를 이해하고 이 문화가 여러 부서와 요소들 사이 관계에 어떤 영향을 미치는지 고민한다. 시스템 안과 밖으로 의미 있는 연결 고리를 만든다. 이 연결 고리는 사람이 될 수도 있고 일하는 방식이 될 수도 있다. 무엇보다 본인 스스로 이해하려는 의지와 능력을 발전시키기 위해 본인 관점을 바꾼다. 빠르고 쉬운 결론을 거부하고 현재 문제에 대해 깊게 고민한다. 자신 심성 모형(mental model)이 현재와 미래에 어떤 영향을 끼칠지 고려한다. 그리고 본인 심성 모형을 팀원과 공유한다. 시스템 구조를 이해하고 이를 이용해 가능한 영향력(leverage)을 알아낸다. 행동이 미치는 단기 장기 결과, 그리고 의도치 않았던 결과를 고려하고 비용도 고려한다.

  응급실 시스템은 병원 전체와 연결되어 있다. 어떤 병원이 좋은 병원인지 아닌지 판단하고 싶으면 그 병원 응급실에 가서 진료를 받아보면 된다. 응급실은 그 병원 의료진 민낯이 드러나는 공간이다. 이런 응급실에서 의도치 않게 리더 역할을 해야 하는 우리는 나만 생각해선 곤란하다. 타과와 진료 과정을 논의할 때 내 욕심과 내 안녕만 추구해선 일이 되지 않는다. 타과는 응급실 운영에 관심이 없다. 타과는 그저 여행자일 뿐이다. 1968년 아폴로 8호 임무 중 우주비행사 윌리엄 앤더스가 촬영한 지구 사진 '푸른 구슬(Blue Marble)'을 보고 시인 아치볼드 매클리시는 1968년 12월 25일자 뉴욕 타임스에 기고한 글에서 '저 끝없는 고요 속에 떠 있는 작고, 푸르고, 아름다운 지구를 있는 그대로 본다는 것은 바로 우리 모두를 지구의 승객으로 본다'는 표현을 했다. 우리는 지구를 스쳐 지나가는 여행자, 승객일 뿐, 지구를 망칠 권리는 없다는 의미로 해석하면 이상한가? 타과는 응급실을 스쳐 지나가는 여행자일 뿐이다. 우리는 그 여행자를 안내하는 가이드이고 주인이다.

* 이 글은 Health systems science(Susan E. Skochelak 외 6인 지음, Elsevier 출판)에서 발췌한 내용을 포함함.

응급실 빵빵이

리더 7.

　공보의 시절 여주고려병원 응급실로 중증외상환자가 내원하였다. 응급처치하고 검사를 해보니 머리부터 가슴, 배 멀쩡한 곳이 없었다. 외상센터 병원으로 가야만 하는 상태였다. '여보세요? 여기 여주고려병원 응급실인데요, 외상 환자 전원 때문에 전화했습니다' '아, 여긴 원무과니까 외상센터로 돌려드릴게요' '여보세요? 여기 여주고려병원 응급실인데요, 외상 환자 전원 때문에 전화했습니다' '아, 당직 선생님 바꿔드릴게요' '여보세요? 여기 여주고려병원 응급실인데요, 외상 환자 전원 때문에 전화했습니다' '수술실 중환자실 자리 알아볼테니 30분 있다 다시 전화 주세요' 이런 전화를 여러 군데 2시간 넘게 하고서 겨우 받아준다는 병원이 생겼다. 사설

구급차를 불렀는데, 응급구조사가 없다고 한다. 이송하면서 호흡기 백을 짜줄 사람이 없다. 환자 상태를 관찰할 의사가 없다. 어쩔 수 없이 난 응급실 문을 닫고 직접 환자 이송을 하였다. 2시간 동안 환자가 죽을까 걱정되었고 가다가 급정지하는 바람에 난 구급차 뒷자석에서 유명을 달리할 뻔하였다.

이런 일을 한 번 겪고 나면 내가 일하는 병원에서 해결할 수 없는 환자를 진료하기가 겁난다. 법적인 문제를 떠나 인간적으로 두렵다. 내가 진료하던 환자가 내 눈앞에서 죽는 상황이 의사로서 제일 힘들기 때문이다. 이것이 응급실 뺑뺑이라는 현상이 발생하는 근본 원인이다.

Big 5 병원에서 일한다고 해서 이런 일이 없지 않다. 대한민국에서 가장 큰 병원에서도 진료 안 되는 상황이 있다. 병실, 중환자실이 없는 경우가 많고 수술실이 없을 때도 있다. 병실이 없으면 응급실에서 보면 되지 않냐고 생각하겠지만, 실제로 해운대백병원에선 뇌출혈 수술 뒤 중환자실이 없으면 응급실에서 수술 뒤 관리를 하다 중환자실로 올라간 적도 있다. 이 경우 응급실은 더 이상 응급실 기능을 못 한다. 세브란스에서도 그런 일이 발생한다고 상상하면, 응급 수술받아야 하는데 중환자실이 없는 환자는 전국에서 세브란스로 오게 되고, 단 하루면 응급실은 온데간데없고 중환자실만 남을 뿐이다.

응급실 뺑뺑이를 없앨 수 있을까? 사법 위험을 없애고 돈을 많이 주면 응급실 뺑뺑이가 없어질까? 우리가 먼저 해결하려는 노력을 해보는 건 어떤가? 응급실 과밀화와도 어느 정도 연관이 있는 문제이지만, 응급의학과끼리 약속만 한다면 어느 정도는 해결할 수 있지 않을까? 서울대병원 다니는 암 환자이지만 서울대 응급실에 자리가 없으면 우리가 잠시 받아 응급처치하고 그사이 서울대 응급의학과 선생님은 자리 하나 마련하고 3~4시간 뒤에 이 환자를 전원 보내고, 우리가 자리가 없으면 은평성모병원에서 잠시 봐주고 자리 만들어 전원 받기가 정말 불가능할까? 3~4시간 동안 응급실 침대 1개 비우는 게 정말 불가능할까? 잠실 쪽 119에서 한 시간째 경기하는 환자를 받아주는 응급실이 없다고 연락을 받고, 경기 지속 시간이 너무 오래되어 일단 근처 병원 응급실에 진정제만 맞혀주면 우리가 받겠다고 하라고 하니, 바로 병원이 섭외되었다. 응급환자는 두렵지 않다. 응급처치 뒤 필요한 치료가 보장되지 않을 때 주저하게 된다.

응급처치 뒤 치료는 타과가 주로 맡게 되는데, 한 병원 모든 분야 의사가 항상 다 대기할 순 없다. 지역별로 묶어야 한다. 오늘은 A 병원, 내일은 B 병원이 심근 경색 담당이고, 모레는 C 병원 글피는 D 병원이 응급분만을 맡는다. 이렇게 스케줄이 미리 정해져야 그나마 당직 병원이 심장내과 중환자실, 분만실, 신생아실을 비워놓을 수 있다.

한 가지 더, 응급의학과 의사가 119 대원을 무시하곤 한다. 의식 상태를 정확하게 모른다고, 추정 진단이 없거나 틀렸다고, 환자 정보가 틀렸다고, 심전도에 ST 분절 상승이 없는 거라고, 혈당 정도는 측정해야 하는 거 아니냐고, 산소를 이렇게 많이 주면 어쩌냐고.

응급의학과를 무시하는 타과 의사를 만나면 기분이 좋지 않다. 전체 치료 과정에서 각자 맡은 부분이 다를 뿐인데, 그래서 지식 범위도 다르고 깊이도 다를 뿐인데, 자신이 잘 아는 분야를 응급의학과는 모르고 있다고 짜증 내고 화낸다. 이 연장선에서 119 이송 문의를 받을 때 그렇게 매몰차게 무시하는가 싶어 씁쓸하다.

불확실성

리더 8.

 응급의학 전문성은 무엇인가? 어디에 있을까? 지금까지 25년 동안 응급의학과 의사로 살아가면서 근무할 때마다 드는 궁금증이다. 홈페이지에 있는 응급의학과 소개글을 보면 '응급의학은 급성질환이나 손상으로 발생할 수 있는 상황에 대한 응급진료를 전문으로 맡는다. 응급의학은 환자 생명을 구하고 환자 상태를 가장 빠르게 정상 혹은 이에 가까운 상태로 회복시켜 환자가 필요로 하는 다른 치료, 수술, 재활 등을 받을 수 있도록 하는 것을 목표로 한다'라고 쓰여 있다. 또한 '응급의료체계, 성인 기본/전문 소생술 및 성인 응급, 소아 기본/전문 소생술 및 소아 응급, 전문외상구조술, 환경응급의학, 임상독성학, 중환자의학, 재해의학, 시뮬레이션 교육 등 세부 전문화를 통해 응급의학 학문 영역을 넓히고 있다'라고 전문 분야를 나열하고 있다. 나는 그 가운데 시뮬레이션 교육을 전문 분야라고 말하고 다니고 있지만, 그럼에도 응급의학 전문성이 무엇인가에 대한 질문을 가지고 있다. 세부 전문의 과정을 만들고 시험 보고 그래야 전문성이 생기는 걸까?

대동맥 박리는 전형적인 증상으로만 나타나지 않는다. 위장관 출혈이 생길 수도 있고 뇌졸중 증상으로 응급실로 올 수도 있다. 급성심근경색 심전도는 지주막하출혈에서도 보일 수 있고 심근경색증이 대동맥박리로 인해 생길 수도 있다. 고칼륨혈증은 단순히 '어지러워요, 힘이 없어요, 혹은 다리에 힘이 안 들어가요'라면서 응급실로 온다. 급성 뇌졸중은 의식이 정상이어도 있을 수 있고 또한 뇌경색일 수도 있으나 뇌출혈일 수도 있다. 급성 후두개염은 감기 같지만 조금 지나면 숨을 못 쉬어 심정지가 될 수도 있다. 폐색전증은 예전에 비해 진단하기 좋아지긴 했으나 산모에게 발생하면 치료가 복잡하다.

이런 진단명들이 응급의학과 의사가 근무하기 두렵게 만든다. 전형적이지 않으니까, 불확실하니까. 응급실은 항상 불확실하다. 언제 어떤 환자가 어떻게 발생할지 모른다. 대형 교통사고, 화재 사건, 건물 붕괴 등 전혀 예측할 수 없는 사건이 내 근무 때 발생할 수 있다. 그리고 집으로 퇴원시킨 환자가 정말 괜찮을지 두렵다. 외래 f/u 개념이 없는 응급의학과는 내가 응급실에서 본 환자가 나중에 어떻게 되는지 알기 어렵다.

타과 협진을 해보면 진단명이 명확한 경우는 토를 달지 않는다. 자신이 해야 할 일이 바로 머릿속에 그려지니까, 그리고 그 일은 그들이 매일 반복하는 일이니까. 하지만 '열이 나는데 왜 나는지 모르겠어서 감염내과 연락드려요', '의식이 떨어지는데 이유를 모르겠어 신경과 연락드려요' 하면 시작부터 꼬인다.

불확실성(Uncertainty). 응급의학과 전문성은 여기에 있다. 불확실성을 대비하고 불확실성을 풀어가는 능력이 우리 응급의학과가 가진 전문성이다. 불확실한 상황에서 확실한 상황으로 나아 가는 능력이 우리가 키워야 할 전문성이다. 불확실성을 두려워하는 타과 의사들을 설득하고, 불확실성에 불안해하는 환자 보호자를 안심시키고, 불확실성으로 갈등하는 간호사, 구조사, 119 대원을 이끌어 가는 의사다. 직관적일 수 없어 말로 표현하기 어렵지만, 응급의학과 수련과 응급실 경험을 통해서만 이해할 수 있는, 그래서 더 멋있는 응급의학과 전문성이다.

공유지 비극

리더 9.

　대학교 식당에 점심 먹으러 가면 학생들이 많아 줄도 좀 서야 하고 식판을 받고도 빈자리를 찾아 헤매야 한다. 빈자리로 보여 멀리서 찾아가면 어김없이 가방이 앉아 있다. 결국 밥을 다 먹어가는 학생 뒤에 서 있다 그가 일어나자마자 자리에 앉아 밥을 먹는다. 밥을 먹으면서 보니 학생들은 배식을 위해 줄 서기 전 가방으로 자리를 먼저 맡아 놓는다. 이곳 규칙인가 보다.

　1883년 영국 시골 마을 중앙에 넓은 목초지가 있었다. 주인이 없는 이 땅에서 마을 사람은 각 가정 소와 양을 방목하여 생계를 유지하였다. 어느 날 한 목축업자가 소 1마리를 추가하여 우유, 고기 판매 수익을 늘렸다. 그러자 점점 각 가정이 소를 더 추가하자 결국 이 공유지 풀은 황폐화되어 소는 우유를 못 만들었고, 살도 빠져 모든 가정이 손해를 보게 되었다. 현대에도 이는 계속된다. 캐시미어 가격이 급등하면서 몽골 초원에서 키우는 염소 사육이 급증하자 초원이 황폐화되고 사막화가 가속되어 전체 토지 77%가 사막이 되었다고 한다(위키백과 '공유지의 비극' 참고함).

대학병원은 외래 진료가 당일 안 되는 경우가 많다. 환자가 많아서다. 내가 조금 아픈데, 개인 병원은 믿을 수 없고, 가봤자 큰 병원 가보라고 할 거 같고, 외래는 힘들고, 그냥 응급실로 가자. 119 불러. 외래에서 환자를 보다 입원실이 없다고 하니, 그럼 응급실로 가세요. 이런저런 이유로 응급실로 오는 환자가 많아져 응급실은 제 역할을 못 하게 된다.

조금 다른 관점에서 공유지 비극을 보자면, 응급실은 여러 의사가 진료하는 곳이라 각 의사 스타일대로 할 수 있는 시스템이 아니다. 외래나 수술방은 주치의가 원하는 대로 흘러가겠지만 응급실은 그렇지 못하다. A는 이 약과 이 기구를 쓰고 B는 다른 약과 다른 기구를 쓰겠다고 해서 모든 의사가 원하는 대로 준비할 수 없다. 정말 안 되는 게 아니라면 내가 타협하고 맞춰야 한다. 약이나 기구는 그나마 괜찮은데, 응급실 진료 과정 자체를 자기 뜻대로 하고 싶어 하는 욕구가 있다. 자기 생각이 항상 옳다고 생각하겠지만 그렇지 않다. 다 알고 있지 않은가. 서로 타협하고 버릴 건 버려야 하는데 끝까지 납득하지 못하는 사람이 있다. 납득되지 않기 때문에 강제할 수 없다고 한다. 반대 경우는 다른 사람에게 강제해도 되는가?

학식을 먹으려면 더 오래 기다리게 되었고 소는 말라가고 초원은 사막이 되었다. 응급실은 환자로 넘쳐나 그 기능을 못한다. 공유지 비극을 극복하기 위한 그동안 수행된 수많은 사회 실험을 살펴보면 내부 자율로 공동체를 운영하고 서로를 신뢰할 수 있게 문화를 만들고 새로운 기술 등을 이용하여 기존에 시도하지 못했던 방법을 적용하고 개인 이익과 공동체 이익을 타협하고 단기 이익보다 장기 생존에 가치를 두는 방향을 찾아야 한다. 우리 응급실은 시들어가고 있다.

내힘동편,
내가
힘들면
동료가
편하다

리더 10.

인턴 숙소에는 10평 정도 크기 휴게실이 있었다. 냉장고엔 아침마다 1.5ℓ 크기 콜라가 20병씩 새로 채워진다. 아침 회진을 제일 먼저 돌고 온 인턴이 첫 콜라를 따 마신다. 두 번째 휴게실로 온 인턴은 두 번째 콜라병을 새로 따서 마신다. 20명 인턴이 오면 20개 콜라병이 다 따져 있고 그 뒤 인턴은 콜라를 마시지 않는다. 음료수를 먹기 위해 자판기를 찾아간다. 다 입 대고 마시기 때문이다.

편한 과 인턴은 아침 회진 뒤 잠깐 인턴 숙소 침대방에서 잠을 잘 수 있다. 침대까지 들어가는 복도와 침대 사이사이에 아침 인턴들이 벗어 놓은 수술복이 뱀 허물처럼 여기저기 흩어져 있다. 당시엔 인턴도 셔츠와 정장 바지를 입고 일

해야 했기 때문에 자는 동안 입었던 수술복은 갈아입어야 했다. 방을 청소하시는 직원이 그 옷들을 주워 침대방 입구에 있는 세탁함에 일일이 집어넣는다.

종이컵으로 콜라를 따라 먹고 벗은 옷을 세탁함에 넣기가 참 어려운 일이다.

난 의사이지만 환자이기도 하다. 내 나이 환자라면 대부분 가지고 있는 고혈압, 당뇨, 고지혈증부터 화려한 수술력을 자랑한다. 좌측 요골 두 골절, 경추 5번 6번 추간판 파열, 개에 물린 상처 고름, 우측 신장 결석으로 4차례 전신 마취를 하고 수술을 받았다.

환자로 병원에 입원해 보면 의사로서 보지 못하는 부분을 발견할 수 있다. 전공의 2년 차 여름휴가 때 아파트 단지 뒷문이 잠겨 있어 담을 넘다 팔이 부러졌다. 수술을 받고 퇴원할 때까지 교수님 얼굴을 한 번도 뵙지 못했다. 한 번은 회진을 오셨는데 내가 화장실에 있었고 한 번은 자고 있었다. 아침부터 잘 수밖에 없다. 전날 밤 10시 나이트 간호사가 출근하면 보통 자정이나 새벽 1시경 한 번 나를 살펴보러 온다. 혈압과 발열을 측정한다. 새벽 5시가 되면 다시 한번 라운딩을 온다. 6시가 되면 인턴이나 1년 차 전공의가 아침 회진 준비를 위해 처방한 엑스레이를 찍고 와야 한다. 7시쯤 1년 차가 회진을 오고 곧이어 아침 식사가 배달된다. 7시 30분쯤 청소해주시는 분이 들어오시고, 8시쯤 교수님께서 회진을 오신다. 밤새 잠을 설치니 졸릴 수밖에. 입원해 있는 동안 잠을 평소보다 더 못 자 몸이 더 피곤해지는 아이러니.

의대생 때 심장내과 교수님 한 분은 아침 11시에 회진을 도셨다. 출근은 아침 일찍 하시고 아침 외래를 보시다 중간에 나가 회진을 돌고 오셨다. 나중에 들었는데 입원 환자가 잠을 자게 하려고 그러신다고 하였다.

응급의학과는 24시간 7일 근무가 계속되기

때문에 근무표에 따라 내 생활이 근무표 중심으로 돌아간다. 그래서 다들 근무표에 관심도 많고 손해 보기 싫어한다. 남보다 환자가 많이 몰리는 시간대 근무는 서기 싫고 추석과 설 연휴 기간엔 최대한 앞이나 뒤로 근무를 몰아서 하고 몰아서 쉬길 원한다. 응급의학과는 타과에 협진을 내면 그만큼 내 할 일을 줄일 수 있다.

수술복도, 콜라도, 회진도 협진도 내가 편하면 동료가 힘들다. 내가 힘들면, 아니 힘내면 동료가 편하다.

마무리하며

　전공의 생활을 마치고 공보의로 군 복무를 대체했다. 여주에서 2년, 파주에서 1년. 여주에서 개인 병원 응급실 당직을 맡았는데, CT 1건에 오천 원, 입원 1명에 만 원 더 주는 당직비 계산법에 익숙해져 나 자신이 환자를 볼 때 검사와 입원 건수를 세게 되는 '놀라운' 경험을 하고 대학병원에 남기로 결심했다. 인간은 돈 앞에 나약하다.

　펠로우 시절, 응급의학과도 전문 분야가 있어야 한다는 생각에 독성학을 공부해 볼까 하고 태어나 처음 미국 학회에 참석했다. 뉴올리언즈에서 열린 독성학회였는데 당시만 해도 학회장엔 아시아인이 드물었다. 엘리베이터에서 만난 사람들이 중국에서 왔냐고, 아니, 그럼 일본인가요? 아니, 그럼 어디인가요? 할 정도로 한국을 모르는 외국인이 있다는 '놀라운' 경험을 하였다. 집으로 돌아오는 비행기에서 내려다 본 LA 지역에만 야구장이 셀 수 없이 많다는 점에 다시 놀랐다. 한국은 작은 나라이고 나는 그 안 개구리보다 작다.

우연한 기회에 시뮬레이션 교육과 디브리핑을 주제로 하는 워크숍에서 심리학자가 응급의학 전문의를 가르칠 수 있는 '놀라운' 교육법을 경험하고 이를 내 전문 분야를 하기로 결심했다. 단순한 지식 전달이나 암기력 시험이 아닌 나 자신을 돌아보고 의사 결정 과정을 분해하여 좀 더 좋은 결과를 만들어 내게 도와주는 교육. 말 그대로 진짜 교육을 처음 경험했다.

모교에 교원 자리가 나지 않아 펠로우 3년을 마치고 나는 부산으로 갔다. 새로 개원하는 해운대백병원에서 응급의학과 과장으로 6년을 보내면서 새로운 세상을 경험하는 '놀라운' 시간을 보냈다. 항상 내 위엔 교수님이 계셨고 난 순종만 하면 되었는데, 부산에선 다들 나만 바라보았다. 내가 응급의학과이고 응급의학과가 나였다. 정말 큰 부담이었다.

미국 조지아주 조지아주립대학 교육공학과로 연수를 1년 가게 되었다. 거기서 만난 교수님들을 보면서 이 사회에서 교수가 해야 할 역할에 대해 고민하게 되었다. 교육이 되었든 연구가 되었든 모두 다 이 사회에 어떤 선한 영향을 끼쳤는지가 가장 중요한 목표인 교수들을 보면서 난 사람 살리는 의사가 되기보다는 사람 살리는 의사를 잘 가르치는 의사가 되기로 하였다. 내가 평생 살릴 수 있는 환자 수보다 잘 가르친 의사 10명이 더 많은 환자를 살릴 수 있게.

다시 모교로 돌아오게 되었다. 학생, 전공의와 지속적인 새로운 만남이 이어지며 그들이 의사가 되는 과정에 조금이라도 좋은 영향을 끼치려고 노력했다. 하지만 뜻처럼 쉬운 일은 아니었다. 학생들은 전공의가 되어 무례해지고, 오만해지고 약아졌다. 전공의는 전문의가 되어 자본주의자가 되었다. 물론 몇 명은 훌륭한 의사로 성장했지만 그 수가 너무 적었다.

의정 사태로 이전처럼 회복할 수 없는 관계가 되어버린 학생, 전공의에게 마음을 닫으며 대학병원에서 내가 해야 할 일이 없어졌다. 더 이상 이전처럼 인간 대 인간이 아니다. 업무로 연결된 관계일 뿐이다. 유튜브와 어깨너머로 환자 진료법과 술기를 배웠다는 전공의 말에, 전혀 동의할 수 없다. 내가 수련 기간 배운 건 분명 그 이상이었다. 단순 술기나 초음파가 다가 아니었다. 환자와 눈 마주치고 설명하고 같이 문제를 풀어가는 방법을 배웠다. 다른 의료진과 소통하고 협력하는 방법을 배웠다. 내가 주어가 아닌 타인이 주어가 되는 법을 배웠다.

요즘 전공의를 보면서 더 이상 교육하고 싶지 않은 마음과 교수로서 마땅히 해야 할 수련에 대한 의무감이 내 안에서 충돌하여 괴로운 날들을 보낸다. 그 탈출구로 이 글을 정리하였다. 이 글은 아무도 물어보진 않았지만, 그리고 앞으로도 물어보진 않겠지만, 해주고 싶고, 해야 하는 이야기다.

감사한 사람들

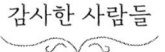

이 책을 쓰게 되기까지 도움과 응원을 해준 최영환, 조영순, 좌민홍, 이종호, 조아라에게, 그리고 의정사태 기간 '내힘동편' 정신으로 수많은 밤을 같이 지새운 김지훈, 박채령과 응급의학 교실원, 임상전담간호사, 응급구조사, 응급실 간호사에게 마음 깊은 감사를 드립니다.